아버지
용서하기
아버지
용서받기

아버지 용서하기
아버지 용서받기

오연수 지음
이현숙 그림

나침반

목차

추천의 글 8
여는 글 9

1장 나의 아버지
두려운 아버지 17 아버지의 빈자리 24 외로운 아버지 33 잃어버린 것들 42

2장 자라기를 멈추다
애 어른이 된 아이 55 억울한 아이 62 맹세한 아이 70 발달이 멈춘 아이 77

3장 나를 찾아서
문제를 인정하기 87 부모를 이해하기 95 용서 구하기와 용서하기 104 애도하기 112

4장 아버지에게 돌아가기
있는 모습 그대로 받아들이기 123 함께 하기 135 통로가 되어 드리기 146

5장 아버지의 축복

아버지의 커다란 손 *159* 채워진 마음의 빈 공간 *164* 무거운 짐이 떠나고... *171*

6장 아름다운 이별

아버지와 둘이서 *179* 헤어지는 슬픔 *185* 나 무서워 *190* 나 좀 세워 줘 *193*

7장 아버지의 선물

선물이 된 아버지의 사랑 *207* 보석이 된 나의 상실감 *217*

글을 마치며 *226*

내게 사랑을
선물로 남겨주고 돌아가신
그리운 아버지(1932-2016)께
이 책을 바칩니다.

추천의 글

이 책은 한 딸이 어린 시절 무관심한 아버지로부터 받았던 상처들을 발견해가고 깨어진 아버지와 딸의 관계를 회복함으로써 상처들을 치유해가는 강력하면서도 가슴 아팠던 긴 여정에 대한 이야기다. 어린아이로서 자신의 경험담을 말하며, 자신이 겪었던 도전들을 이야기하고 있다. 가난한 가정에서 알코올 중독자였던 아버지가 엄마를 학대하고 사랑이나 정서적 필요뿐만 아니라 가족의 기본적인 필요조차 채워 주지 못했던 아버지 밑에서 자라야 했던 자신의 역경을 그대로 드러내고 있다.

그 딸이 중년이 되어서야 치매와 심장병으로 누워계신 아버지를 돌보게 되면서 비로소 그 아버지가 어떤 분이신지 진정으로 알아가고(그 전에는 아버지가 얼마나 유머가 많으신 분인지 몰랐다), 그 아버지의 사랑을 발견해 가는 이야기다.

저자는 그 과정이 신체적으로 또 정서적으로 얼마나 괴로웠는지 말하고 있다. 그러나 마침내 저자는 많은 상처를 주었던 아버지를 용서할 수 있었고, 용납 할 수 있었고, 그 아버지와의 관계를 완전히 회복할 수 있었으며 기적적으로 아버지께서 돌아가시기 전 그리스도를 영접하시게 되는 놀라운 여정에 대한 이야기다.

육신의 아버지와 거리감을 두고 관계하고 있는 분들뿐만 아니라, 우리를 향한 하나님의 사랑에 대해 더욱 깊은 이해와 치유의 능력 얻기를 소원하는 모든 분들께 이 책을 꼭 읽어 봐야 할 책으로 추천한다. - 최중원(Jung Choi) 미국연방 검사

여는 글

어린 나에게 아버지가 필요했었다

지난해 가을, 햇빛이 아주 아름다운 날 오후에, 아버진 15년 동안 누워 계셨던 병상을 뒤로 하고 하늘나라로 가셨다. 고단했던 이 땅에서의 모든 수고와 짐을 내려놓고 가셨다. 잠자는 어린아이 같이 주무시듯 그렇게 가셨다.

장례가 끝난 후 집을 정리하던 중 난 한 권의 노트를 발견하게 되었다. 그것은 아버지를 돌보면서 있었던 일들을 일기 형식으로 그날그날 적은 얇은 노트 한 권이었다. 그것을 보면서 "어머! 이런 일도 있었구나! 계속 기록했더라면 좋았을 텐데…" 하는 진한 아쉬움이 생겼다. 그리고 그 노트에 적힌 것들을 중심으로 글을 써야겠다는 생각이 들었다. 가벼운 마음으로 시작했다.

그런데 글을 써가는 가운데 의도하지 않은 방향으로 글이 써지는 것을 보게 되었다. 그것은 다름 아닌 그동안 깨닫지 못하고 다루어지지 않은 어린 시절 겪었던 힘들고, 어려웠던 여러 가지 경험들과 마음의 부담감과 상처와 고통이었다.

특별히 어린아이로서 마땅히 받아야 할 보호와 돌봄을 받지 못해서 위로를 필요로 하는 내면의 어린아이를 보게 되었다. 그것이 상실이라는 것을 이제야 알게 되었다. 전혀 생각해 보지 않은 부분이었다. 그 상실을 인정하고 직면하는 것은 많이 슬프고 가슴 아픈 힘든 작업이었다.

글을 쓰다가 더 이상 쓸 수 없어 멈추었던 순간이 한두 번이 아니었다. 억울함과 원통함이 가슴 저 밑바닥에서부터 치고 올라올 때는 난 강아지를 데리고 밖으로 나갔다. 산책을 하면서 마음을 달래보기도 하고 소리 내어 하나님께 말하기도 했다. 그리고 그것이 목까지 차오를 때에는 나눌 만한 친구에게 전화를 걸어 마음을 나누기도 했다.

많이 울었다. 어디서 그렇게 눈물이 흐르는지, 내 안에 그렇게 많은 눈물이 있었는지 나도 몰랐다. 어떤 때는 애통의 '애'자만 생각이 나도 눈물이 주르륵 흘렀다. 어떤 때는 한 달 내내 울었다.
이제야 어린 나에게 아버지가 필요했었다는 것을 알게 되었다. 성장하는 동안 아버지는 나와 우리 가정에 전혀 존재감이 없으신 분이었다. 자녀들과 아무런 상호작용을 하지 않으셨고 오히려 집에 계시면 더 불안하고, 긴장감이 집안을 짓눌렀다. 우리 집은 불안정하고 우울했다. 서로 말이 별로 없었다.

어느 날 밤이었다. 내가 초등학교에 다니던 때이다. 여러 해 동안 집을 떠나 계셨던 아버지께서 큰 외삼촌과 함께 집으로 돌아오셨다. 우리가 어디에 사는지를 모르시는 아버지께서 외삼촌을 대동하고 오셨다. 외삼촌께서 방문을 열고 엄마에게 "매형 오셨어" 하셨다. 엄마는 외삼촌의 말씀에 아무 말 없이 허공을 응시하듯 밖을 바라보셨고, 어린 난 서 계신 엄마 옆에 쪼그리고 앉아 외삼촌을 바라보았다. 그러나 우리들 중 아무도 아버지를 반기는 사람이 없었다. 아버지가 돌아오신 것을 기뻐하는 사람이 없었다. 조용한 침묵만이 작은 방안을 흐르고 있었다.

아버지의 부재는 성장하는 내게 많은 부정적인 영향을 미쳤고 많은 것을 잃어버리게 했다. 아버지와 딸의 아름다운 관계를 잃어버렸고 정서적 절름발이로 자라게 했다. 그리고 나 자신이 되지 못하고 삶에 혼란과 혼돈을 안겨 주었다.

그러나 이 책을 쓰는 동안 하나님은 내 안에 존재하는 내면의 어린아이의 아픔과 고통을 직면하고 애통하는 과정을 통하여 내 삶에 대한 새로운 이해와 통찰과 관점을 갖게 하셨다.

그동안 내 삶의 문제에 대해 난 다 내 책임으로 돌리고 죄책감과 자기 학대의 무거운 짐을 지고 살았다. 그러나 이제 알게 되었다. 근본적으로는 어린아이가 생존과 성장을 위해서 부모로부터 마땅히 받아야 할 것을 받지 못한 상실과 결핍에서 왔다는 것을. 말할 수 없는 큰 자유가 찾아왔다. 그리고 나도 모르는 사이, 무의식적으로는 아버지를 그리워하고 찾았다는 것도 알게 되었다. 나를 지탱하기 위해서 우리 가족과 엄마를 이상화했다는 것도 깨닫게 되었다. 인정하고 싶지 않았던 내 안에 감추어져 있던 억압된 감정과 압박감, 분노를 보고 느끼고 이해할 수 있어서 너무나 감사한 시간이었다.

아버지를 돌보지 않았다면 과연 이런 일이 내게 일어날 수 있었을까 생각해 볼 때 아마도 그렇지 못했을 것 같다. 얼마나 감사한지. 비록 어린 시절 아버지가 절대적으로 필요했을 때 그때는 아버지가 곁에 없었지만, 늦게라도 아버지와 충분한 시간을 가질 수 있었던 것은 내게 큰 축복이었다.

그 시간을 통하여 난 몰랐던 아버지를 알게 되었고 받지 못했던 아버지의 사랑을 받게 되었다. 아버지와 딸로서 관계를 할 수 있었다. 그리고 이 관계를 통하여 다른 사람들과 관계하고 사랑하는 법을 배우고 알게 되었다.

이제 나는 나라고 고백할 수 있게 되었다. 내 마음을 아버지의 사랑으로 가득 채워 주시고, 사람을 사랑하는 법을 가르쳐주고 떠나가신 아버지가 그립다. "연수야!" 하고 늘 부르시던 아버지의 목소리가 그립다. 모든 것을 다 잊어버리고 어린아이 같으셨던 아버지의 모습이 보고 싶다. 지금도 곁에 계신 듯, 목소리가 귓가에 들리는 듯하다. 무엇보다 아버지를 통하여 나를 사랑하시는 하나님 아버지의 사랑이 어떠함을 알게 되어 더더욱 감사하다.

이 책을 쓰는 동안 나를 더욱 깊은 회복의 여정으로 인도해 주시고 더 넓은 자유의 바다로 나아가게 하신 하나님 아버지께 감사를 드린다. 그분의 긍휼과 은혜이다.

이 책은 어린 시절의 상실감으로 상처받고 고통당하고 방황하던 저자가 그 아픔을 극복하고 회복해 가는 과정을 담은 책이다. 그리고 아버지와의 관계 회복을 통해 알고 경험하게 된 하나님 아버지의 사랑과 축복을 부족하지만 함께 나누고자 한다. 오랜 시간이 걸렸다. 그러나 그것은 그럴만한 가치가 있었다.
"애통하는 자는 복이 있나니 그들이 위로를 받을 것이요"(마태복음 5:4)

아버지를 그리워하며…
오연수

1장
나의 아버지

두려운 아버지

아버지는 하나님 아버지의 거울이다. 육신의 아버지를 통하여 우리는 하나님 아버지께 가까이 갈 수도 있고 멀리할 수도 있다.

오래전 YWAM(Youth With A Mission)에서 예수제자훈련학교 과정을 하고 있을 때이다. 새로운 한 주가 시작되는 월요일이었다. 그 주간에 온 강사는 폴 홉킨스라는 미국인 강사였다.

그는 먼저 하나님의 속성을 말씀하시더니 우리들의 육신의 아버지에 대하여 말씀하기 시작하셨다. 강의를 듣던 난 그중 한 아버지가 내 아버지와 꼭 같다는 생각을 하게 되었다.

'어, 저건 우리 아버지인데.'

혼자 생각하며 듣고 있는데 마치 내 아버지를 본 듯이 말하는 것 같았다.

그 아버지는 바로 알코올 중독자의 아버지였다.

그런데 그때 훌쩍거리는 소리가 들려 옆으로 고개를 돌려 보니 한 여학생이 울고 있었다. 그 모습을 보니 나도 갑자기 가슴이 먹먹

해지며 눈물이 나서 손으로 눈을 훔치고 있었다. 이것을 강사가 보았는지 "울어도 됩니다. 참지 말고 울어도 됩니다" 했다. 그 말에 나도 모르게 "앙~" 울음이 터져나왔다. 강의가 끝나고도 나의 울음은 멈추어지지 않았고, 그날 처음으로 어릴 적 무섭고 두려웠던 아버지를 생각하며 울고울고 또 울었다. 그리고 그때 처음으로 아버지를 용서하는 시간을 가졌다.

내가 4살이었는지 5살이었는지 그것은 명확하지 않다. 그러나 아주 어렸던 것만은 분명하다. 그때 우리 집은 시골에서 정미소를 운영하고 있었다.

어느 날 밤이었다. 난 자다가 갑자기 일어나 "엄마, 엄마"를 부르면서 울기 시작했다. 내 눈 앞에서 엄마와 아버지가 서서 싸우고 있었는데 "왜 이려, 이 씨브랄 놈이" 하면서 엄마는 아버지가 붙든 손에서 벗어나려고 하고 있었고, 아버지는 엄마를 붙들고 적의에 찬 얼굴로 힘을 다해 때리고 있었다.
이것이 내가 본 아버지에 대한 최초의 기억이다. 어떻게 내가 그때 일어났는지는 모르겠다. 그러나 그 장면이 어린 나에겐 엄청난 충격이었다. 너무 무섭고 두려워 앉아서 소리 내어 크게 울었다. 그때 방안에는 오빠들도 같이 자고 있었던 것 같은데 나만 일어나 울었던 것 같다.

그 후 어느 날이었다.

한낮이었는데 엄마는 아버지를 피해 다니고 아버지가 분노에 찬 얼굴로 엄마에게 뭐라고 하면서 뒤쫓는 것을 보았다. 그 장면을 바라보는 내 눈에는 두 분 사이에 뭔가 좋지 않은 일이 일어나는 것 같은 불길한 느낌이 들었다. 싸우려는 것 같았다. 엄마는 아버지를 피하고 아버진 엄마를 어떻게 하려는 것 같았다. 바라보는 내 마음은 두렵고 불안했다.

또 언젠가는 엄마가 나보고 동생들을 데리고 이웃집에 가 있으라고 하셨다. 동생들과 함께 길 건너 이웃집으로 가는데 꼭 피신 가는 느낌이었다. 엄마가 무슨 좋지 않은 것을 보여 주지 않으려는 것 같았다.

어느 날 밤중이었다. 아버지를 피해 엄마와 나 그리고 동생 둘은 작은 집으로 피신을 갔다. 갈 때는 피신 가는지도 몰랐다. 막냇동생은 그때 아주 어린 애기였고, 작은 집은 우리 집에서 가까이에 살고 있었다.

작은 집에 도착하자 엄마는 막냇동생을 안고 있는 채로 "연수야 니가 작은 엄마 좀 불러봐" 하셨다. 내가 작은 엄마를 부르자 작은 엄마와 아버지가 밤중에 무슨 일인가 하고 밖으로 나오셨다.

엄마는 웃으면서 무슨 말씀인가 했던 것 같다. 그리고 우리들은 작은어머니 댁 안방으로 들어갔다. 조금 있으려니 어떻게 알았는지 아버지가 뒤따라오셔서 엄마를 찾으시자 작은 어머니가 방문을 막아서면서 안 계시다고 했다.

엄마는 그 틈을 타서 뒷문으로 해서 밖으로 도망을 가셨는데,

가시다 아버지에게 붙들려 그 밤에 많은 매를 맞으셨다는 것을 나중에 알게 되었다.

다음날 엄마를 기다리던 난 혼자서 엄마를 찾아 나섰다. 아마 저녁때쯤이었든 것 같다. 먼저 큰 집에 가니 큰 사촌언니가 아궁이에 불을 피워서 저녁을 짓고 있었다. 나를 보더니 약간 퉁명스럽게 물었다.
"엄마는 이곳에 안 계서. 왜 집으로 안 가고 여기로 왔니?"

난 다시 아무 말 없이 길 건너 둘째 큰 아버지 댁으로 갔다. 그곳에 가니 사돈 할머니께서 나를 보시고는 문도 열어 주시지 않은 채 "엄마 여기 없다. 집으로 돌아가라" 하셨다.
오랜 세월이 흘러 알게 되었다. 엄마는 그날 둘째 큰 아버지 댁에 계시면서 아픈 몸과 마음을 쉬고 있었다는 것을.
그 후 얼마 지나지 않아 우리 집은 정미소가 망하고 다른 동네로 이사를 가게 되었다. 하루는 엄마가 아버지를 위해서 저녁상을 차려 드리고는 막냇동생을 등에 업은 채 방에 서 계셨고 나도 엄마 옆에 서 있었다.

그런데 갑자기 식사를 하시던 아버지께서 뭐가 맘에 안 드셨는지 엄마에게 무슨 말인가 하시더니 갑자기 욕을 하시면서 밥상을 엎어 버렸다. 엄마와 난 아무 말 없이 그 광경을 지켜보았다. 마치 아버지는 폭군 같았고 우리는 그 밑에 숨죽이고 사는 하인 같았다. 이 모든 일들이 내가 아주 어린 나이, 초등학교도 들어가기 전에 일어난 일들이다.

내가 중학생이었을 때의 어느 날 오전이었다.
나 혼자 집에 있는데 엄마와 아버지가 밖에서 식식거리며 들어오셨다. 두 사람 사이에는 전운이 감돌고 있었다. 내가 보기에는 심상치 않은 분위기였다.
들어오자마자 엄마는 물을 마셨는지 기억이 정확하지 않지만 어쨌든 우물 곁으로 가셨다. 그때 우리는 펌프질을 해서 물을 사용하고 있었다. 그런데 갑자기 아버지가 쭈그리고 앉아계신 엄마 뒤에서 목을 누르는 것을 보았다. 순식간에 일어난 일이었고, 다행히 큰 불상사는 일어나지 않았지만 난 또 그 광경을 혼자서 다 보고 말았다.

그 이후로는 아버지가 엄마를 신체적으로 학대하는 것은 보지 못했다. 그러나 몇 번의 그런 경험들을 하면서 어린 나의 마음은 두려움에 얼어붙고 말았다. 힘이 없는 나로서는 보면서 그냥 두려움에 떨 뿐이었다. 나중에 좀 커서는 엄마와 아버지가 말로 싸우기 시작하면 무서워서 이웃집으로 달려가
"엄마와 아버지가 싸워요. 좀 말려 주세요"
도움을 구하면 어떤 때는 사람이 오기도 하고 어떤 때는 오지 않기도 했다.
엄마는 종종 아버지를 향해 "저 놈의 인간이 나를 두드려 패서

내가 이렇게 삭신(몸의 사투리)이 아퍼. 왜 나를 패. 뭐 땜에. 새끼들 하고 살려구 하는 사람을…"라며 젊어서 아버지로부터 받은 학대에 대해 분노와 원망을 쏟아붓곤 하셨다.

아버지는 이렇게 나에게 두려운 존재였고, 아주 어려서 경험한 이 두려움은 평생 나를 따라다녔다. 나를 감정적으로 느끼지 못하게 하고, 느낀다 해도 표현하지 못하는 사람이 되게 했다. 그리고 어떤 것을 선택하고 결정해야 하는 순간에 난 아무것도 하지 못하는 사람이 되었다.

난 중학교를 졸업할 때까지 아버지를 "아버지"라고 불러본 적도 아버지랑 대화를 해본 적도 없다. 아버지께서 내 이름을 부르시는 것도 들어보지 못한 것 같다. 고등학생이 되어 어느 날 학교를 마치고 집으로 돌아갔는데 아버지께서 "연수 왔니?" 하셨다. 그것이 아버지로부터 처음 들어보는 내 이름이었다.

아버지께서 어쩌다 집에 계시면 집안에 무거운 긴장감이 감돌았다. 우린 밥을 같이 먹어도 아무도 말하는 사람이 없었다. 다들 조용히 자기 밥만 먹었다. 서로 눈도 마주치지 않았다. 왔다 갔다 하는 숟가락과 젓가락 소리만이 들릴 뿐이었다. 아버지가 안 계시면 우리에게 자유가 찾아왔다. 마음에 숨이 쉬어지고 편안하게 느껴졌다. 그리고 집안에서 사람 사는 소리가 들렸다.

아버지는 평생 술을 많이 드셨는데, 술에 취해서 인사불성이 될 때까지 드셨다. 그런데 집은 꼭 찾아오셨다. 술을 그렇게 많이 드시고 어떻게 그렇게 집을 찾아오셨는지 알 수가 없다. 술에 완전히 취해서 혼잣말로 무어라 하시면서 비틀비틀 집으로 돌아오시는 소리가 저 멀리서부터 들리면 나와 두 동생들은 "야, 아버지 오신다" 하고는 용수철이 튀어 오르듯 반사적으로 방문을 열고 집 밖으로 뛰어나갔다. 그리고는 집 뒤에서 아버지가 주무시는지 안 주무시는지 가만히 망을 보다가, 아버지의 "드르렁, 드르렁" 코고는 소리가 들리면 주무시는 신호인 줄 알고 집 안으로 들어가곤 했다.

아버지는 자녀들을 때리지는 않았다. 한 번도.

그러나 우리에게는 술에 만취가 되어 집으로 돌아오시는 아버지 자체가 무섭고 두려운 존재였다. 한 번은 미처 도망가지 못하고 꼼짝없이 아버지 앞에 무릎 꿇고 앉아서 무언가 훈시를 한참이나 들어야만 했던 때도 있었다.

이렇게 자라 성인이 되어 어느 날 난 친구의 소개로 예수님을 구세주와 주님으로 믿게 되었다. 예수님을 믿고 처음으로 하나님 아버지가 나를 사랑한다는 말을 들었다. 그 말은 내 마음에 깊은 안정감을 가져다주었다. 그러나 동시에 난 그 사랑이 어떤 것인지 알 수가 없었고, 마음으로 사랑을 그려 보려 했지만 전혀 그림이 그려지지가 않았다. 하지만 "아! 그렇구나 하나님이 나를 사랑하시는구나!" 머리로 이해하고 받아 들였다.

아버진 엄마를 학대하는 남편이었다. 신체적으로, 정서적으로, 언어적으로 두 분은 자주 싸우셨다. 말로 서로 욕하면서 싸우셨다.

그런 부모님 옆에 있으려면 꼭 무슨 일이 일어날 것만 같아서 항상 초긴장된 마음으로 바라보았다. 성인이 되어 언제부터인가 생각하게 되었다.

'왜 엄마는 저런 아버지랑 사실까? 아버지랑 살지 않았으면 우리도 그렇게 고생 안 하고 엄마도 덜 고생하셨을 터인데...'

자신을 그렇게 학대하는 아버지랑 사시는 엄마가 같은 여자로서 도저히 이해가 되지 않았다. 그러던 중 어느 날 용기를 내어 조용히 엄마에게 물었다. 그리 오래 되지 않았다.

"엄마, 왜 아버지랑 살아? 나 같으면 안 살 것 같아. 왜 도망 안 갔어?"

"안 그래도 도망가려고 했다. 방앗간 할 때였는데, 도저히 살 수가 없을 것 같아서 어느 날 밤중에 몰래 작은 가방을 하나 싸들고 집을 나왔단다. 그런데 얼마나 걸었을까... 새끼들이 눈에 밟혀서 다시 들어갔다."

"으응... 그랬구나."

엄마와 나 사이에 조용한 침묵이 흘렀다.

아버지의 빈자리

방앗간이 망한 후 우리 집은 의식주를 걱정해야 하는 처지가 되었다. 설상가상으로 아버지는 집을 나가셨고 큰 오빠는 다니던 중학교를 그만두어야 했다. 한 끼 정도 굶는 것은 일상의 삶이 되었다. 아버지가 집에 안 계시자 특별한 기술도, 배움도 없는 엄마는 생계를 위해서 행상을 시작하셨다. 벌이는 겨우 밥을 먹는 수준의 고달프고 힘든 엄마의 삶이 시작되었다. 자녀들은 모두 엄마 혼자의 책임이 되었다.

어느 날이었다.

정확하지는 않지만 아마도 여름이었던 것 같다.

그날도 우리는 저녁도 먹지 않은 채 엄마를 기다리면서 마루에 앉아 있었다. 조금 늦게 피곤한 모습으로 돌아오신 엄마는 아무 말 없이 마루에 걸터앉으셨고, 우리도 그 옆에 쪼르륵 앉아 있었다. 모두들 아무 말 없이 조용히 있었다. 마침 그때 큰 오빠도 있었고 어떻게 된 일인지 아버지도 집에 계셨다.

그런데 엄마가 잠시 앉아 계시는가 싶더니 갑자기 주머니에서 무언가를 꺼내셨다. 작은 병이었다. 뚜껑을 따시더니 입에다 대고 마시기 시작하셨다.

그때였다. 어떻게 알았는지 엄마 옆에 앉아 있던 큰 오빠가 잽싸게 엄마의 마시는 병을 빼앗아 마당으로 던져버렸다. 그야말로 눈 깜짝할 순간에 일어난 일이었다. 아무도 말하는 사람이 없었다. 뭔가 굉장히 안 좋은 일이 일어나는 것 같은데 모두들 숨을 죽이고 그 광경을 보고만 있었다.

잠시 후 아버지가 불러왔는지 큰 오빠가 모셔왔는지 알 수 없는데, 하얀 가운을 입은 사람이 왕진 가방을 들고 왔고 엄마는 방안에 늘어져 누워 계셨다. 잠깐 엄마를 체크한 후 그 하얀 가운을 입은 사람은 아버지에게 "토하고 나면 괜찮을 것 같다"라는 말을 하면서 돌아갔다. 돌아가는 그 사람을 아버지는 바짝 붙어 배웅하면서 무슨 말인가를 하는 것 같았다.

  스산하고 우울한 분위기가 깊어지는 밤과 함께 집안을 무겁게 짓누르고 있었다. 그때 난 많이 어렸다. 아마 초등학교도 들어가기 전이었던 것 같다. 너무 두렵고, 놀라고, 무서워서 울지도 못했다. 그러나 돌아보니 그 일은 내게 너무 슬픈 일이었고, 일어나지 않으면 좋았을 일이다. 이제야 그 슬픔을 깊이 느끼게 된다.

  얼마 전 엄마와 둘이 TV를 보면서 앉아 있었다. TV를 보면서 난 엄마와 이런저런 이야기를 함께 나누었다. 무슨 말인가를 하던 중
  "엄마! 나 어릴 때 왜 자살하려고 했어?"
  처음으로 조심스레 물었다.
  "살기 힘드니께 그랬지."
  "아무리 힘들어도 어떻게 자녀가 다섯이나 있는데 죽으려고 했어?"
  "힘들어도 니 아베(아버지의 사투리)가 같이 살려고 하면 괜찮은디 살려고 하지는 않고 맨 허튼 짓만 하니께 그랬지."
  아버지는 정미소가 망한 이후로는 가정을 책임 지지 않으셨고, 술로 세월을 보내기 시작하셨다. 그때 이후로 우리 가정은 극심한 가난 앞에 오랫동안 무방비로 노출되어 있었다. 그것은 어리고 자라나는 우리들에게나 엄마 모두에게 큰 고통이고 아픔이었다. 가정은 늘 불안정하고 우울했다. 슬퍼도 슬퍼하지 못하고, 두려워도 두

려움을 표현하지 못하고 자랐다.

중학교 2학년 여름방학 때이다.
하루는 엄마가 방학 동안 서울에 있는 큰 오빠에게 가서 밥을 해 주라고 했다. 그때 큰 오빠는 서울에서 작은 목공소를 운영하고 있었다. 그리고는 말린 생선과 함께 까만 가방을 하나 싸주었다. 그 가방을 들고 처음으로 서울에 갔다. 설레는 마음으로 갔다.
서울에서 오빠에게 밥을 해주고 있는데, 하루는 서울에 사시는 둘째 큰 아버지께서 "아버지한테서 전보가 왔는데 엄마가 아프다고 너보고 내려오라고 하신다" 하셨다.
큰 오빠가 집으로 내려가라고 했다.

다시 시골집으로 돌아왔다. 집에 오는 도중 나는 포도 한 송이를 사서 그 까만 가방에 넣어 가지고 왔다.
집에 도착하니 엄마가 하얀 모시옷을 입고 혼자서 마루에 앉아 계셨다. 나는 아무 말 없이 가지고 온 포도를 엄마에게 드렸다. 씻어서 드렸는지 씻지 않고 드렸는지는 기억이 나지 않는다. 엄마는 혼자서 그 포도를 맛있게 다 드셨다. 나보고 한 알 먹어보라고도 하지 않으셨다. 그리고는
"아이고 어머니! 어머니! 으으으으..."
갑자기 엄마가 외할머니를 부르면서 통곡을 하셨다.
한참을 우셨다. 난 또 얼어서 꼼짝 못하고 엄마의 통곡이 끝날 때까지 그 모습을 지켜보면서 서 있었다. 엄마가 그렇게 외할머니

를 부르면서 우시는 것은 그때 처음 보았다. 무언가 무거운 것이 내 마음을 짓눌렀다. 그리고 많이 놀라고 슬펐다. 그러나 그냥 가만히 서 있는 것 외에는 어떻게 해야 할지를 알 수 없었다. 그리고 그때 집에는 아무것도 없었는데, 그것이 어린 내 마음을 더 한없이 무겁고 서글프게 했다.

아버지의 빈자리는 우리들에게서 엄마의 자리마저 잃어버리게 했다. 엄마의 돌봄과 함께 있을 수 있는 시간을 앗아갔다. 우리는 마치 버려진 고아처럼 방치되어 있었다. 엄마에게서 웃음이 사라졌고 집에는 항상 엄마가 없었다. 엄마는 저녁이 되어서야 볼 수 있었다. 엄마는 아침 일찍 집을 나가시면 저녁이 되어서야 돌아오셨다. 지치고 피곤한 모습으로, 조용히, 아무 말 없이 돌아오셨다. 어떤 때는 새벽에도 나가셨다. 말 그대로 새벽 별을 보며 나가시고 저녁별을 보면서 돌아오시기를 수없이 하셨다.

늘 엄마가 그리웠다. 학교 갔다 돌아와도 집에는 아무도 없었다. 막냇동생 혼자서 놀고 있는 경우가 허다했다. 저녁때가 되면 나와 동생들은 길가에 나가 엄마를 기다리곤 했다. 기다리다 저 멀리 엄마가 오시는 것이 보이면 우리는 한달음에 엄마에게 달려갔다. 달려가도 엄마는 아무 말씀이 없었지만, 우리는 엄마와 함께 집으로 돌아오는 길이 그렇게 기쁠 수가 없었다. 마치 전쟁에서 승리한 개선장군 같았고, 목마른 사슴이 물을 마신 것 같은 느낌이었다. 그리고 세상을 향해 '나도 엄마가 있다!'라고 외치는 것 같았다.

　저녁때가 되면 시골의 집집마다의 굴뚝에서는 하얀 연기가 피어올랐다. 엄마들이 저녁밥을 짓고 있다는 신호이다. 그러나 우리 집 굴뚝에서는 그 하얀 연기가 피어오르지 않았다. 내가 밥을 지어서 동생들과 함께 먹기 전까지는. 난 그 하얀 연기를 볼 때마다 그렇게 부러울 수가 없었다.

　그 부러움은 엄마에 대한 그리움이었다.

　엄마랑 함께 있는 그 가족들이 부러웠다. 어쩌다 엄마가 일찍 오셔서 저녁밥이라도 지어 주시는 날은 마치 무슨 잔치가 있는 날 같았다. 엄마가 보글보글 끓여 주시던 된장찌개는 어찌 그리 맛있던지. 엄마와 함께하는 저녁은 마냥 행복한 시간이었다.

　어느 겨울엔가는 엄마가 우리들을 위해서 장갑을 손수 뜨셨는데, 뜨개질하시는 엄마 옆에 누워 있으면서 얼마나 좋았는지 모른다. 엄마만 옆에 있으면 세상 부러울 것이 없었다.

그러나 어느 여름날이었다. 학교에 갔다 집으로 돌아오는데 흰 원피스를 입은 내 또래의 한 여자 아이가 엄마와 손잡고 시장으로 가고 있었다. 가면서 그 엄마는 아이에게 옷을 사주겠다고 했다. 난 가던 길을 잠시 멈추고, 부러움으로 그 모습을 바라보았다. 나에겐 손을 잡아 주는 엄마도, 함께 옷을 사러 갈 엄마도 없었기 때문이다.

엄마의 손길을 느낄 때는 오직 내가 아플 때였다. 어려서 잔병치레가 많았던 난 특별히 배탈이 잘 났다. 그러면 엄마는 늘 나를 눕혀 놓고 "엄마 손은 약손" 하시며 배를 문질러 주시곤 하셨는데, 가끔은 "이그! 그놈의 뱃속에 무엇이 들었나. 쭉 째고 홀홀 털어서 다시 꼬매 쓰면 좋것네" 하셨다.

어느 겨울날 저녁이었다. 해는 이미 저물어 밖은 어둑어둑 한데 바다에 굴을 따러 나가신 엄마가 돌아오시지 않았다. 난 이미 저녁밥을 지어서 동생들과 함께 먹고 설거지를 해놓고 엄마를 기다리고 있었다. 엄마를 기다리던 난 한발 한발 바다를 향해 걷기 시작했다. 그때 우리 집은 바다에서 가까이에 살고 있었다.
발에는 양말도 신지 않은 채, 까만 바닷가를 무작정 걷고 있었다. 무섭지도, 춥지도, 그리고 발도 시리지 않았다. 한참을 걷다 보니 저쪽에서 누군가가 오고 있었다. 가까이 가 보니 엄마였다.

엄마와 난 바닷가에서 만났지만 우리 둘은 서로 아무 말이 없었다. 엄마는 "연수냐?" 하고 내 이름을 부르시지도 않았고 "추운데 왜 나왔냐?"고 묻지도 않으셨다. 엄마와 둘이서 아무 말 없이 집을 향해 어두컴컴한 바닷가를 걸었다. 오는 도중 엄마는 내 손도 잡아 주지 않았다. 엄마는 주머니에 손을 넣고 걸으셨고, 나도 엄마 옆에 서 묵묵히 걸었다.

이제야 알게 되었다. 왜 그렇게 엄마를 그리워했는지.
그리고 엄마의 무엇을 그리워했는지. 그건 엄마의 사랑과 돌봄 그리고 엄마와 함께 있는 시간이었다. 다정하게 불러주는 엄마의 목소리가 듣고 싶었고, 엄마가 해주는 따뜻한 밥상이 그리웠다. 그리고 다른 집 엄마들처럼 곁에 있어주고 기다려 주는 엄마가 그리웠다. 그러나 하루하루를 살아내야 하는 엄마의 현실 앞에 엄마를 기다리고 그리워하는 어린 나의 마음은 채워지지 않은 채 마음에 커다란 빈 공간을 만들어 놓았다.

엄마가 없는 빈자리는 너무 컸다. 엄마는 잡으려고 하면 할수록 언제나 저 멀리 달아나 있는 것 같았다. 집에만 오면 난 마음이 우울했다. 반겨주는 엄마가 없었기 때문이다. 엄마가 없는 집은 쓸쓸하기 그지없었다. 그리고 엄마를 대신 해서 어린 내가 무언가를 해야 한다는 것이 나를 슬프게 했다. 마음을 무겁게 했다.

겨울이 되면 가끔 내 손은 터지곤 했다. 그리고 그 터진 손에서 어떤 때는 피도 났다. 그러면 손이 아프고 쓰라렸다. 차가운 물에 빨래나 밥을 했기 때문이다.

　가끔 난 어린 여자아이들을 보면서 작은 소리로
"저렇게 어린아이가…."
어려서 내가 했던 일들을 생각해 보곤 한다. 그리고 거기엔 억울한 감정이 숨어 있다는 것을 이제야 알게 되었다.
　엄마에 대한 기다림은 또한 엄마의 관심이었다.

　어느 겨울날이었다. 내가 아주 어릴 때이다. 아마 6-7살쯤 되었을 때이다. 하루는 엄마가 애기인 막냇동생을 등에 업고 서 계셨고, 난 방에 누워서 엄마를 바라보고 있었다.
　'내가 아프면 엄마가 내게 관심을 가지실 거야.'
　어린아이가 어떻게 그런 생각을 했는지 모르겠다. 그리곤 그날 저녁인지 다음날인지는 잘 모르겠지만 양말도 신지 않은 채 엄마의 하얀 고무신을 신고 밖으로 나갔다. 나가니 집 옆에 물이 고여서 꽁꽁 얼어 있는 부분이 있었다. 그곳을 몇 번 왔다 갔다 하고는 다시 방으로 들어갔다.
　그런데 그날 밤이 되자 발가락에서 열이 나기 시작하면서 발이 빨갛게 되더니 아프기 시작했다. 밤새 앓았다. 그 와중에도 난 엄마에게 잡채를 해달라고 떼를 썼다. 물론 엄마는 라면을 끓여 주었지만. 어린아이의 발이라 금방 동상에 걸리게 되었고, 그 후로 겨울만 오면 재발하는 발가락 동상으로 중학교에 다닐 때까지 고생을 해야 했다.

지금 돌아보니 '어린아이가 얼마나 엄마의 사랑과 관심을 받고 싶었으면 그런 생각을 하게 되었을까' 생각해 본다. 그리고 어린아이의 마음에 채워지지 않고 충족되지 않았던 엄마의 사랑에 대한 깊은 갈망과 갈증을 보게 된다.

외로운 아버지

문득 아버지가 작은 상 위에 안주도 없이 소주병을 올려놓고 술을 드시던 모습이 생각난다. 늘 자주 보았던 모습이다. 그런데 그날따라 그 모습이 내 마음에 자리를 잡은 채 떠나지 않고 한동안 머물러 있었다. 그 모습을 잠잠히 바라보고 있노라니

'아버지가 많이 외로우셨구나! 얼마나 외로우셨을까!'

작은 신음이 내 안에서 흘러나왔다.

처음으로 마주한 아버지의 외로움이다. 아버지가 살아 계신 동안에는 한 번도 느껴보지 못하고 생각해 보지 못했던 마음과 생각이다. 아버지와 나 사이에는 건널 수 없는 커다란 마음의 강이 있었다. 다른 가족들도 마찬가지였다. 엄마와 아버지 사이에도 서로 하나 될 수 없는 원망과 고통의 높은 산이 가로막혀 있었다.

어느 날 오전이었다. 엄마와 식탁에 앉아 차를 마시고 있었다. 차

를 마시며 대화를 나누던 중 난 마음에 담아 두고 있던 말을 꺼냈다.

"엄마, 이제 아버지 용서해줘."

언제부터인가 아버지에게 남은 시간이 그리 많지 않다는 생각이 들었다. 아버지가 살아 계셔서 두 분이 화해하시는 것을 보고 싶었다.

그런데 내 말이 떨어지자마자 엄마의 얼굴이 울그락불그락하더니 "내가 어떻게 살았는데 그런 말을 하니? 난 매일 울고 다녔다."

화산이 폭발하는 것 같았다. 두 눈에서는 금방이라도 닭똥 같은 눈물이 주르륵 흘러내릴 것 같았다.

'아차! 큰일 났다'는 생각이 들었다.

"엄마, 알았어. 알았어. 미안해. 내가 잘못했어."

엄마를 진정시켰다.

엄마는 울먹울먹 하시면서 간신히 울음을 삼키셨다. 엄마의 그 모습을 보면서 '아직은 엄마가 아버지를 용서하실 수 없구나!' 하는 생각이 들었다. 내가 생각하는 때와 엄마의 때가 다른 것 같았다. 다시 한 번 엄마에게 필요한 것은 아버지를 용서하라는 말보다, 그 동안의 엄마의 삶을 이해해 주는 것이 필요하다는 것을 알게 되었다. 그것도 아주 많이.

엄마는 일찍부터 아버지를 대신해 가장 역할을 한 큰 오빠를 많이 의지하셨다. 둘이서 집안의 모든 일들에 대한 결정을 하셨다. 기억하건대 아버지는 한 번도 관여하신 적이 없으시다. 언제나 가족 밖에 계신 분이셨다. 발언권이 없으셨다. 스스로를 가족에게서 소외시켰고, 가족들도 아버지를 소외시켰다. 세상으로부터도 아버지는 자신을 소외시키셨다. 함께 살아도 자녀들과는 아무런 관계가 없으셨다. 상호작용을 하지 않으셨고, 거기엔 아무런 정서적 교감이 없었다. 아버지가 집에 계시지 않아도 아버지를 찾는 사람은 아무도 없었다. 아버지가 어디 계신지 궁금해하지도 않았다. 아버지를 그리워하는 사람은 한 사람도 없었다. 가족들에게 아버진 마치 그림자와 같은 분이셨고, 바다 한가운데 떠있는 작은 외로운 섬 같았다.

어린 시절 아버지와 함께했던 기억이 두 가지가 있다.
하나는 초등학교 6학년 때 아버지께서 엄마와 함께 가을 운동회에 오셨던 기억이다.
그때도 우린 서로 말이 없었다. 학교에 갈 때는 버스를 타고 가고, 올 때는 걸어서 왔다. 그러나 학교에 가는 길에도, 그리고 집으로 돌아오는 길에도 우린 서로 말이 없었다. 그냥 묵묵히 걷기만 하고 각자 다른 곳을 보았다. 물론 학교에서도 아버지는 한 마디도 하지 않으셨다. 엄마는 정성껏 마련한 도시락을 손에 드셨고, 아버지는 그냥 맨 몸으로 가셨다.

그리고 다른 하나는 어느 추석 전날 밤이었다. 아버지께서 하얀 털이 복슬복슬한 작은 강아지 한 마리를 가지고 오셨다. 이름은 복구였다. 엄마와 아버지 그리고 우리들은 휘영청 높이 떠있는 밝은 달빛 아래 마당에 빙 둘러 앉았다. 그리고는 강아지 복구를 가운데 놓고 "복구야 이리와, 복구야 이리와" 서로 손바닥을 치며 신이 나서 복구를 불렀다. 서로 복구가 자기에게 오기를 바라면서 기다렸다. 그러나 그때마다 강아지는 매번 아버지에게로만 갔다. 이것이 아버지와 가졌던 어려서의 즐거웠던 유일한 기억이다.

아버진 가끔 "내가 지금쯤 경찰 서장쯤 되었을 텐데…" 하시곤 하셨다. 경찰이 아마 아버지의 꿈이었는지도 모르겠다. 그러나 이루지 못한 꿈에 대해 아버지는 못내 아쉬워하셨다.
아버지는 부정적인 말을 가끔씩 하셨는데 그건 "안 된다"는 말이었다. 그건 하지 말라는 말이 아니라 '해도 안 된다. 될 수 없다'는 말이었다. 예를 들면 "넌 안 돼" 그런 식으로 말씀을 하셨다. 그렇게 말씀하실 때는 꼭 저주를 퍼 붓는 것 같았다.

아버지는 식사는 안 하셔도 술은 꼭 드셔야 했다. 아파도 드셨다. 한 번은 내가 외출에서 돌아오니 다리가 아프시던 아버지께서 줄에 돈을 매달아 "아저씨, 막걸리 한 병만 보내 주세요" 하시며 아래 슈퍼집 아저씨에게 내려 보내는 것을 보았다. 조금 있으려니 거짓말처럼 막걸리 한 병이 대롱대롱 줄에 매달려 올라왔다. 아버지는 그 막걸리를 받으시면서 기뻐서 어쩔 줄 몰라 하셨다. 꼭 바라던 선물을 받고 좋아하는 어린아이 같으셨다. 난 기상천외한 그 장면을 보면서 입이 딱 벌어진 채 그 자리에 서 있었다.

하루에 막걸리나 소주를 2~3병씩 드셨다. 그리곤 혼자서 쓰러져 주무시곤 하셨는데 어떤 때는 우시기도 하셨다. 방에 엎드려 드러누워 우시면서 "이그!" 하시며 바닥을 치시기도 하셨다. 자신의 삶을 한탄하는 것 같았다. 그런 아버지의 모습을 보면서 어려서는 무서웠지만 나이가 들자 아버지를 경멸하고 무시하기 시작했다. '또 시작하는구나' 생각했다.

아버지는 아주 나약하신 분이었다. 가장으로서, 아버지로서, 남편으로서, 자녀들과 아내를 돌보고 보호할 능력이 없으셨다.

한 번도 아버지에게 무언가를 받아본 적이 없다. 연필 한 자루도. 아버지는 우리들에게 무엇이 필요한지조차 모르셨다. 나도 받아본 적이 없으니 아예 아버지에게 무언가를 요구할 생각조차 해보지 않고 자랐다.

어느 겨울 날이었다. 아마 내가 초등학교 3~4학년쯤 되었을 때이다. 하루는 학교에서 담임선생님이 "연수에게 책 한 권 빌려 줄까? 무슨 책이 좋을까?" 하시면서 교무실 옆에 있던 책장에서 책을 한 권 고르시더니 빌려 주셨다. 난 그 책을 읽으면서 집으로 돌아왔다. 돌아와서 방문을 여니 아버지께서 "연수야, 엄마 아프다. 부엌에 가서 밥 하거라" 하셨다.

그때 엄마는 까만 천에 빨간 색이 있는 이불을 덮고 누워 계셨다. 아버지는 엄마 옆에 앉아 계셨고 동생들도 방에 있었다. 난 아무 말 없이 조용히 가방을 내려놓고 부엌으로 가고 있는데

'왜, 엄마도 있고 아버지도 있는데 내가 밥을 해야 하나' 라는 생각이 들면서 왠지 무겁고 서글펐다. 지금 생각해 보면 그 어린아이에게 어떻게 밥을 하라고 했는지 도저히 이해 할 수가 없다. 보통의 아버지들 같으면 그런 상황이라면 아버지가 밥을 해서 아픈 아내와 아이들을 위하여 밥을 짓지 않았을까? 아버지는 엄마가 아프셔도 한 번도 밥을 지어 본 적이 없으시다.

아버지는 당신 자신도 돌보지 못하셨다. 제대로 된 옷도 없었다. 어느 날이었다. 엄마와 아버지는 작은 오빠 집으로 조카 돌잔치에 가려고 준비하고 있었다. 엄마는 입고 갈 옷이 있는데 아버지는 입고 갈 마땅한 옷이 없었다. 장롱을 뒤지시더니 동생 옷을 입고 가려고 하셨다. 난 그 모습을 보면서 엄청 화가 나서 "왜 그 옷을 입으려고 그래?" 하면서 동생 옷을 입지 못하게 막아버렸다.
그러자 아버지는 체념하시고 그냥 초라한 모습으로 집을 나섰다. 해서는 안 되는 짓을 내가 한 것이다. 그래도 아버지는 내게 한마디의 말씀도 하지 않으셨다. 지금도 그것을 생각하면 마음이 너무 아프다. 아버지로서의 위치와 권위를 하나도 내세우지 못하시고 내가 오히려 그것을 흔들어 버렸으니 아버지는 얼마나 마음이 아프셨을까 생각하면 눈물이 난다.

노년에는 치아도 없으셨다. 어쩜 '아버지'라는 위치가 아버지에게는 감당할 수 없는 무거운 짐이었는지도 모른다. 아버지는 삶을 힘들어하셨다. 자신이 없으셨고 얼굴엔 늘 그늘이 있었다. 평생 엄마를 의지하고 사셨다. 그렇다고 엄마를 존중히 여기시지도 않았다. 엄마를 무시하면서도 엄마를 간절히 필요로 하시는 그런 관계셨다.

아버지는 여자를 무시하는 그런 분이셨다.
가끔 "여자와 북어는 때려야 한다"고 하셨다. 여자는 배울 필요도 없다고 생각하셨다. 중학교 때이다. 아마 2학년쯤 되었을 것 같다. 하루는 저녁이 되었는데도 시장에 가신 엄마는 아직 돌아오시지 않고 있었다. 그런데 아버지께서 그날 왜 그러셨는지
"여자아이는 가르칠 필요가 없어" 하시며
내 교복 치마를 뜯으시고 내 책을 여기저기 방안에 집어 던지셨다. 찢으려고 했지만 찢어지지 않고 옆선이 터졌다.

아버지를 대항할 힘이 없던 난 엄마가 시장에서 돌아오시기까지 집 밖으로 나가 담벼락 밑에 쭈그리고 앉아 우울한 마음으로 엄마를 기다리고 있었다. 기다리다 어둠 속에서 엄마가 나타나자 난 울먹이면서 말했다.
"엄마, 아버지가 내 교복 치마 찢었어."
엄마를 따라 집안으로 들어갔다. 엄마는 안으로 들어서자마자 아버지를 향하여 "왜, 애 교복은 찢고 지랄이야"라고 고함을 치셨다.

한 번은 추석이었다.
큰 오빠 집에 다 모여 있었다. 아침을 먹은 후 아버지는

"엄마는 어디 가려고 저렇게 이쁘게 입었다니?"

살짝 내게 물으셨다.

"아버지, 오늘은 추석이야. 엄마 아무 데도 안 가"

아버지는 엄마에게 관심이 없는 것 같으면서도 관심이 있고 그렇게 사셨다. 그런 아버지를 엄마도 사랑하거나 귀히 여기지 않으셨다.

아버지는 엄마와 가족들로부터 사랑과 존경을 받지 못하고 소외당하시니 외롭고, 엄마 또한 아버지로부터 사랑과 돌봄을 받지 못하시고 자녀들의 의식주를 책임져야 하니 고달프고 외롭고 힘든 삶이었다.

자라면서 엄마가 밝게 웃으시는 것을 별로 본 적이 없다. 행복하고는 거리가 먼 엄마의 삶이었고 우리 가정이었다. 모두가 불행한 삶이었다. 그런 아버지와 엄마를 보고 자라면서 내 마음도 무거웠다. 남자는 신뢰하거나 존경할 만한 대상이 아니라는 생각이 내 안에 자리 잡기 시작했다.

그러나 이제 난 아버지의 외로움과 마주하게 된다. 혼자서 안주도 없이 술을 드시던 모습이 생각나면서, 그때 왜 안주를 챙겨드리지 않았는지 아쉽고 미안한 마음이다. 인생에 실패한 아버지를 무능하다고, 알코올 중독자라고 무시만 했다. 한 번도 아버지의 입장에서 생각해 보지 않았다. 이해하려고 노력하지도 않았다.

어느 날이었다. 가족들이 다 같이 저녁을 먹고 있었다.

그때 큰 올케도 같이 있었다. 그런데 밥을 먹는 도중 아버지가 나에게 무언가를 말씀하셨다. 나에게 뭔가를 물어보셨는데 그 말씀이 내 마음을 건드렸다. 난 기다렸다는 듯이 적의에 가득 찬 얼굴로 아버지에게 대들었다. 마치 당신이 뭔데 나에게 그러느냐는 태도였다. 아버지에 대한 적개심, 비난, 원망이 한꺼번에 터져 나왔다. 그것도 큰 올케도 있는 밥상에서. 아버지의 권위가 완전히 땅에 떨어지는 순간이었다. 그래도 아버지는 그런 나를 혼내시지도 때리시지도 않았다.

자라면서 한 번도 아버지에게 맞아본 적도 욕을 들어본 적도 없다. 그 흔한 '지지배'라는 말도 들어보지 못했다. 오직 한 가지 "안된다"라는 말 외에는. 그날도 여느 아버지 같으면 그냥 넘어가기 어려웠을 것이다. 아마 손이 올라갔을지도 모른다. 그러나 아버지는 잠잠히 식사만 하셨다. 그 마음이 오죽 했을까 싶다. 얼마나 수치스럽고 비참했을까... 아버지로서의 존재 가치가 완전히 무너지는 그 순간이. 그것도 며느리도 있는 밥상에서 딸로부터 그런 대우를 받으셨으니. 마음이 많이 아프다. 이제야 아버지의 그 통한의 눈물이 이해가 되는 것 같다.

한 번은 내가 외국에 있을 때이다. 잠시 집에 왔다 다시 가는 길이었다. 아버지는 내 트렁크를 문 밖에 내놓아 주시고는 잘 가라는 말도 차마 못하시고 얼른 뒤로 돌아서시더니 집 안으로 들어가셨다.

이제야 그때 뒤돌아서셨던 아버지의 쓸쓸했던 모습이 생각난다. 그 마음이 오죽 하셨을까 싶다. 젊어서 기세등등했던 모습은 어디론가 사라지고 초라하고 연약해지신 모습, 세월의 흔적이 고스란히 얹혀 있던 아버지의 처진 어깨. 그때 난 왜 따뜻하게 아버지를 한번 안아드리지 못했는지 마음이 아프고 눈물이 난다.

어느 아버지가 자녀를 사랑하지 않겠는가!

아마 아버지도 마음으로는 우리를 돌보고 싶었고 사랑했을 것이다. 좋은 아버지가 되고 싶었을 것이다. 다만 아버진 그 방법을 몰랐고 능력이 많이 부족하셨을 것이다.

잃어버린 것들

하와이 코나 Universty of the Nations에서 가족치료를 공부할 때였다. 어느 월요일 아침 강의 시간이었다. 그 주간에는 가계도에 대하여 배우는 주간이었다. 큰 키에 체격이 다부지고 햇볕에 그을려 검은 얼굴의 중년의 강사는 우리 학생들에게 과제를 하나 내주었다.

"이번 한 주간 동안은 매일 5분씩 하나님께 나가서 여러분들의 어린 시절을 보여 달라고 기도하고 하나님을 기다려 보세요."

다음날 아침 난 강사가 말한대로 아침에 하나님께 나아가 기도를 했다. 그리고 기다려 보았다. 그러나 아무것도 느껴지거나 보이는 것이 없었다.

그렇게 2~3일이 지난 어느 날 아침에 "하나님, 나의 어린 시절을 기억나게 해 주세요" 하고는 잠잠히 주님을 기다리는데 그림이 하나 보였다. 그것은 나와 두 동생이 마당의 멍석 위에서 소박한 밥상을 놓고 앉아 있는 모습이었다. 밥그릇만 세 개 상 위에 덩그러니 있는 그런 밥상이었던 것 같다. 그랬다. 어린 시절 나와 두 동생은 우리끼리 밥을 먹는 날이 많았다.

가정에서 아버지는 가족들의 필요를 공급하고 안전하게 보호하고 지켜주며 인도하는 목자와 같은 역할을 한다. 심리학자 매슬로우(Abraham Maslow)는 인간에게는 다섯 가지의 욕구가 있다고 했다. 그것은 생리적인 욕구와 안전의 욕구, 소속감, 존중감, 그리고 자아실현의 욕구이다. 아이들에게는 부모가 욕구의 필요를 채워 주는 근원이다. 부모로부터 필요를 잘 공급받고 보호받고 존중받은 아이들은 자신에 대한 깊은 안정감과 가치감을 가지고 자신의 세계를 펼쳐 나가게 된다.

어린아이들은 친구들과 싸우면서 "너, 우리 아빠한테 일러줄 거야"라고 종종 말하는 것을 볼 수 있다. 아빠가 자기를 지켜주고 보호해 주는 대상인 것이다.

초등학교 때, 어느 날 난 아이들이 놀고 있는 운동장에 서 있었다.

그런데 갑자기 "내가 싸운다면 난 말려줄 사람이 없는데…"라는 생각이 들었다. 누군가 나를 뒤에서 지켜줄 힘센 사람이 없다는 생각이 들면서 어리지만 마음이 허전했던 적이 있다.

그랬다. 나에게는 나의 필요를 채워주고 욕구를 충족시켜 줄 슈퍼맨 같은 아버지가 없었다.

극심한 경제적 어려움은 나의 정서적 발달을 멈추게 하고 경험하지 않아도 될 슬픔과 수치심을 느끼게 했다. 생존에 대한 욕구가 자라지 않았다. 꿈이 없었고, 핑크빛 미래가 그려지지 않았다.

어린 시절, 어느 겨울날이었다.

엄마는 "오늘 저녁 밥 없다" 하셨다. 엄마의 그 말씀을 들으며 '오늘 저녁은 못 먹는구나' 생각했다. 해는 어둑어둑 서산에 지고 있었다. 난 마당으로 나가 담장에 기대어 앉아 흔들리는 이를 혼자서 뽑았다. 그리고 마지막으로 화장실을 들렀다. 얼른 방으로 들어갔다.

들어가서 앉아 있는 엄마의 무릎에 머리를 대고 누웠다. 동생들도 그 옆에 있었다. 우리는 엄마를 중심으로 옹기종기 앉아 있었다. 그러나 엄마의 말씀대로 그날 저녁밥은 없었고 방안은 조용했다. 겨울인데도 방안에 온기가 없었다. 냉랭했다. 내 마음은 서글펐다. 그때 집에는 아버지도 계셨고 가족이 다 있었다.

다음날 아침이 되자 아버지는 쪽지에 뭐라고 쓰시더니 그걸 큰오빠에게 주면서 큰 외삼촌에게 보내시는 것 같았다.

점심때가 되어 큰 오빠는 커다란 국수 한 둥치를 사들고 집으로 돌아왔고, 우리는 점심이 되어서야 국수로 끼니를 때울 수가 있었다. 나는 많이 허기에 지쳐 있었다. 이런 날 보시고 아버지는 엄마에게 "연수 많이 줘. 많이 줘" 하셨다.

다음날이었다. 한낮에 마당에서 놀고 있는데 옆집에 사는 예쁜 아주머니가 등에는 애기를 업고 머리에는 광주리를 이고는 우리 집 마당 앞에 서시더니

"연수야, 부엌에 가서 쌀통에 쌀 있나 보고 오너라."

"네!"

쏜살같이 부엌으로 달려갔다 나와서는 아줌마를 바라보며

"쌀 있어요."

나중에서야 알았다. 어떻게 우리 집 소식을 듣게 된 아주머니가 그날 쌀 한 말을 머리에 이고 오셨다는 것을. 그리고 그 집에는 내 또래의 얼굴이 하얗고 눈이 커다란 남자 아이가 있었다.

한 번은 엄마가 외가댁으로 제사를 지내러 가면서 작은 오빠에게 쌀을 사라고 돈을 주고 가셨던 것 같다. 그런데 오빠는 그 돈을 학교에 갖다 내고 쌀을 사지 않았다. 외가댁에서 돌아오신 엄마는 방문을 열자마자 방에 있던 쌀통을 들여다보셨다. 그리곤 쌀통이 비어 있자 책상에 앉아 공부하고 있는 작은 오빠에게 왜 쌀을 사지 않았느냐고 묻는 것 같았다. 오빠가 학교에 갖다 냈다고 말하자 엄마는 "이그" 하면서 오빠의 등을 한 대 때리셨다. 그때 우리는 철로 된 작은 쌀통을 방문 앞에 놓고 살았는데 종종 그렇게 쌀통은 비어 있었다.

내가 초등학교를 다닐 때에는 육성회비라는 것이 있었.

어느 날 난 가방을 들고 집을 나섰다. 그러나 학교에 가지 않고 집 옆에 있는 마을 회관 앞에 서서 "육성회비 줘. 육성회비 줘" 하

며 울면서 외치기 시작했다. 어떻게 시작했는지는 기억이 나지 않는데, 분명히 기억하는 것은 동네가 떠나가라 울었다는 것이다. 왜 회관 앞에 서서 울었는지 잘 모르겠다. 하지만 아무리 내가 울며 육성회비를 달라고 해도 그날 육성회비는 나오지 않았다. 엄마는 잠깐 밖으로 나오셔서 설거지 한 물을 마당에 '휙' 버리시기는 하셨지만 나를 바라보지도, 우는 나를 집으로 데려가지도 않으셨다.

  어느 날 밤이었다. 서울에 살던 집 주인이 내려와서 엄마에게 무슨 이야기를 하고 있었다. 어린 내가 듣기에도 약간 화가 난 목소리였다. 집에는 아버지도 없고 큰 오빠도 없었다. 엄마와 작은 오빠 그리고 나와 동생들만 있었다. 잠시 후 갑자기 엄마가 우리들을 데리고 집을 나섰다. 집을 나온 우리는 그 밤에 할머니 댁으로 가고 있었다. 엄마는 막냇동생을 업고 걸으셨고, 우리들은 엄마 옆에서 걸었다. 난 너무 어려서 그 밤중에 왜 그렇게 걷는지 알 수는 없었지만 엄마 옆에 바짝 붙어서 걸었다. 혹시라도 떨어질세라. 우리는 모두 아무 말 없이 걸었다. 다만 우리들이 터벅터벅 걷는 발자국 소리만이 시골의 조용한 밤길을 울리고 있었다.
  어른이 되어서 알았다. 그때 집 주인이 엄마보고 그 집에서 나가라고 했다고 한다. 그래서 엄마는 할 수 없어 그 밤에 그 집을 나오셨다고 했다. 그 집에 들어갈 때에 지붕을 새로 하는 조건으로 들어갔는데, 엄마는 그때 형편이 되지 않아 지붕을 못하셨고 그것이 문제가 되어 집주인이 화를 내었고 우린 그 집에서 나오게 되었다고 하셨다.

초등학교 4학년 어느 가을날이었다. 학교가 끝나고 집으로 돌아가는데 선생님들이 우르르 가정 방문을 나가고 계셨다. 그 속에는 담임선생님 모습도 보였다. 그 순간 왠지 담임선생님이 우리 집에 가는 것 같은 불길한 예감이 들었다. 생각이 거기에 미치자 갑자기 난 집을 향해 뛰기 시작했다. 선생님이 우리 집에 도착하기 전에 내가 먼저 집에 도착해야 한다는 생각에 지름길로 쉬지도 않고 "헉헉" 거리며 집으로 달리고 또 달렸다.

집에 도착한 난 뭐 치울 것 없나 돌아보는데, 왜 그런지 내 가슴이 콩당 콩당 계속해서 뛰고 있었다.

아니나 다를까 집에 도착해서 조금 있으려니 선생님들이 그룹으로 우르르 우리 집에 오셨다. 5~6분인지 7분인지 알 수는 없지만 많이 오셨다. 오셔서는 대문도 없는 조그만 우리 집 앞에서 겉옷을 어깨에 둘러멘 담임선생님께서 "연수야!" 부르셨다. 난 집 뒤쪽에 숨어 있다가 할 수 없이 쭈뼛쭈뼛 앞으로 나갔다.

그날은 아주 화창한 가을날이었다. 그날처럼 그렇게 밝은 해가 원망스러운 때도 없었다. 난 고개도 들지 못하고 집 앞에 죄인처럼 서 있었다. 초라한 우리 집을 그렇게 보여 주는 것이 내게는 너무 힘든 일이었다. 내 자신이 너무나 초라하게 느껴졌다.

그중에 나를 아시는 한 선생님께서

"연수 네가 이렇게 사는구나! 강 선생 갑시다"

다행히도 같이 오신 선생님들은 다음 집으로 이동을 하셨고 담임선생님은

"연수랑 애기 좀 하다 갈게"

하시고는 나와 마당 옆 잔디에 앉아 학교에서 누구랑 친하게 지내는지를 물어보시며 한참을 계시다 혼자서 돌아가셨다.

돌이켜보니 선생님의 배려가 감사하다. 어린 내가 혹시라도 마음 다칠세라 내 눈 높이에 맞추어 앉아계셨던 선생님. 그때 난 우리 집과 나를 동일시하며 창피해하고 부끄러워했다. 집이 가난한 것은 부모 책임이지 내 책임이 아닌데 어린아이들은 이런 것을 구분하거나 분리할 수가 없다.

중 3 어느 여름날이었다.

학교에서 공부를 하고 집에 늦게 돌아왔는데 엄마는 안 계시고 동생들은 저녁도 안 먹은 채 이미 자고 있었다. 난 가방을 내려놓자마자 저녁을 짓기 시작했다. 부엌 문 앞에 있던 철로 된 작은 화덕 위에 솥을 올려놓고 나뭇가지로 밥을 지었다. 나무가 타면서 하얀 연기가 안마당을 통하여 하늘로 날아가고 있었다. 마음이 조급했다. 동생들이 그냥 자고 있었기 때문이다. 그런데 바로 그때 서울에 사시던 작은 외삼촌께서 갑자기 들어오셨다. 난 외삼촌께 인사도 안 하고 고개도 못 들었다. 그때의 내 모습이 몹시 창피하다고 생각되었다. 외삼촌은 간단히 안부를 물으시고

"연수야! 외삼촌 밥 좀 줘라."

하시며 피곤하신지 마루에 누우셨다. 그러나 가난한 우리 집 상황과 밥하고 있는 내 모습이 동일시되면서 내 자신이 너무 초라하고 비참하게 느껴졌다. 보여 주고 싶지 않은 내 모습이었다. 내 자존감이 한없이 찌그러지고 무너져 내렸다. 내가 그냥 한 줌의 진토

같이 느껴졌다. 그것은 내 책임도 잘못도 아닌데 그 가난한 현실이 곧 나인 것처럼 여겨졌다.

외삼촌은 잠시 누워 계시다 "외삼촌 간다" 하시고는 식사도 하지 않은 채 그냥 밤길을 떠나셨다. 돌아가시는 외삼촌께 인사 또한 하지 않았다. 아니 하지 못했다. 그냥 고개만 푹 숙이고 밥만 짓고 있었다.

난 중학교에 다닐 때 운동화를 꿰매어 신고 다녔다.

여자아이가 꿰맨 운동화를 신고 다녔다. 꿰맨 운동화를 신고 다니는 여학생을 나 외에는 보지 못했다. 운동화를 신다 보면 항상 엄지발가락 위가 제일 먼저 떨어졌다. 그러면 일단 한번 꿰맨다. 곤색에 하얀 끈의 운동화였는데 난 까만 실로 꿰맸다. 그러나 그건 또 쉽게 떨어졌다. 힘이 없으니. 그럼 한 번 더 꿰맸다. 그리곤 새 운동화를 엄마로부터 받아 신었다. 꿰맨 운동화를 신고 다니긴 했지만 난 그것으로 인해서는 부끄럽지 않았다. 그것을 신고도 씩씩하게 학교를 잘 다녔다.

어느 날 전체 조회라서 아침에 운동장에 서 있는데 우연히 내 눈이 운동화로 향했다. 그러자 꿰맨 자리가 유난히도 내 눈에 크게 들어왔다. 난 살며시 옆에 서 있는 친구들의 운동화를 보았다. 아무도 찢어진 운동화를 신고 있는 아이가 없었다.

어려서 집이 그렇게 어렵지 않을 때는 엄마는 내게 예쁜 신발을 사주셨다. 그 시절에 동네 아이들은 하나같이 검정 고무신을 신고 있었다. 다른 아이들이 다 검정 고무신을 신고 있으니 나도 동네 아이들 같이 그런 검정 고무신을 신고 싶었다. 그러나 신발이 잘 떨어지지가 않았다.

그러던 어느 날이었다. 난 집에 있는 낫으로 내 신발을 살짝 찢어 버렸다. 그리곤 "엄마, 신발 찢어 졌어요" 했다. 그러면 엄마가 내게도 검정 고무신을 사주지 않을까 하는 기대감이 있었다. 그런데 엄마가 내 찢어진 신발을 보시더니 어떻게 아셨는지 "너, 신발 찢었구나" 하셨다. 어려서는 남과 다른 것이 싫었는데 중학생이 된 난 어쩔 수 없이 남과 달라야 했다.

그런 경험들을 하면서 언제부터인가 난 엄마에게 무언가를 요구하거나 사달라거나 하는 마음을 표현하지 않았다. 요구하고 떼를 써도 내가 원하는 것을 못 얻는다는 것을 너무 일찍 알아버렸다. 일찍 포기하는 법을 배운 것이다. 학교에 꼭 필요한 것 외에는 말하지 않았다. 마음을 딱 닫아 버렸다. 내 의사도 표현하지 않았다. 자신의 목소리를 잃어버린 아이가 되었다. 마음에 힘이 없으니 자기 의사를 끝까지 관철시키고 표현하는 능력을 이미 어려서 잃어버리고 말았다. 그리고 그것을 찾고 회복하는 데는 오랜 시간이 걸렸고 노력이 필요했다. 심지어 고등학교를 진학하는 과정에서도 난 내 의사를 표현하지 않았다.

"선생님, 전 대학에 가고 싶어요."

목구멍까지 올라온 말을 꿀떡 삼켜 버렸다. 집은 어렵지만 공부를 잘하는 나를 위해 담임선생님은 3년 전액 장학금을 받을 수 있는 학교를 나에게 추천해 주었다. 지금 생각하면 두말할 것도 없이 그 학교에 가는 것이었다.

  그런데 난 원치 않게 적성에 맞지 않는 여상을 가게 되었고, 학교가 맘에 들지 않아 다니기 싫은데도 다니기 싫다는 말을 또 하지 못했다. 그 사건은 오랫동안 내 마음을 아프게 했고 내 삶에 방향을 바꿔 주는 계기가 되었다.

  또한 아버지와 가져야 할 사랑의 관계를 갖지 못했다.
  아버지의 보호를 받아 보지 못했다. 자라면서 아버지가 필요하다는 생각조차 해보지를 않았다. 이것은 딸인 나에게는 엄청난 마이너스 요인이었다. 여자아이들은 아버지와의 관계를 통하여 여성으로서 자라고 성장할 수 있는데 난 그 기회를 갖지 못했다. 아버지로부터 무조건인 사랑과 수용을 받지 못하고 자랐으니 다른 사람과 사랑을 주고받는 것이 힘들었다.
  특별히 이성과의 관계에서는 더욱 그랬다. 그것은 삶의 풍성함을 앗아가기에 충분했다. 그리고 받으면 갚아야 한다는 생각이 마음에 자리를 잡게 되었다.

2장
자라기를 멈추다

애 어른이 된 아이

어느 날 여름밤이었다. 갑자기 엄마가 배가 아프다고 하셨다. 방에서 뒹굴면서 "아이고 배야, 아이고 배야" 하는 소리가 점점 크게 나더니 "연수야, 밑에 집에 가서 아줌마 좀 모셔 오너라" 하셨다.

아랫집과 우리 집은 엎어지면 코 닿을 거리였다. 엄마의 그 모습에 놀란 난 그 길을 한숨에 달려가서 이미 잠겨 있는 아랫집 대문을 두들겼다. 어떻게 아주머니를 모셔 왔는지는 기억이 나지 않는데, 확실히 기억하는 것은 아주머니가 우리 집에 오시더니 부엌으로 가셔서 아궁이에 물을 붓고 잿물을 만드시는 것을 보았다. 그때 엄마는 토사광란으로 배가 아프셨다.

다음 날 아침이었다. 난 안마당의 화덕에 밥솥을 올리고는 밥인지 죽인지를 해서 엄마에게 드렸다. 해는 이미 중천에 떠 있었다. 동생들과 작은 오빠 모두들 내가 한 죽인지 밥인지로 아침을 먹게 되었다. 아침 식사를 하시던 엄마가

"우리 연수, 죽(또는 밥) 잘했네"

이것이 내가 엄마로부터 들은 최초의 칭찬이다. 기분이 매우 좋았다. 이때가 아마도 초등학교 2~3년쯤 되었을 때이다. 그 후로 난 밥을 짓기 시작했다. 오빠들이 있어도 난 밥을 했다.

그리고 자라면서 엄마에게서 칭찬을 한 번 더 들었는데 어느 겨울이었다. 내 목도리가 없던 난 그날 엄마의 하얀 목도리를 목에 두르고 동네 친구 집으로 놀러 갔다. 그 친구 집 옆에는 작은 언덕이 하나 있었다. 나와 친구는 그 언덕에서 겨울의 따스한 햇볕을 받으며 놀고 있는데 엄마가 날 찾아오셨다. 시장에 가시는데 그 목도리가 필요했기 때문이었다. 엄마는 친구랑 놀고 있는 내 얼굴을 들여다보시면서

"우리 연수 코만 조금 더 오뚝하면 얼마나 예뻤을까!"

내 코를 만지면서 말씀하셨다.

이것이 엄마로부터 받은 두 번째의 칭찬이다.

엄마가 일하러 집을 나가시면 난 어린 막냇동생을 업고 바로 밑 동생을 데리고 놀았다. 막냇동생을 등에 업고 집 앞에 서 있으면

"넌 너보다도 큰 동생을 업고 있구나."

동네 사람들이 지나가며 하는 말이었다.

봄에 큰 외삼촌 생신에 다녀오면서 엄마가 토사광란이 일어났을 때 도와주셨던 아랫집에 사셨던 어른들을 뵈러 갔었다. 안부도 궁금하고 한 번 뵙고 싶었다. 가보니 우리가 살았던 집은 흔적만 남아 있었고, 아랫집에 사시던 아주머니 댁은 집을 새로 지어서 두 분 어르신들끼리 살고 있었다. 찾아뵈니 너무 반가워하셨다.

"옛날에 토사광란 일어났을 때 도와주셔서 덕분에 살았어요."
엄마는 아주머니의 손을 잡고 감사하다는 인사를 하셨다.
"그때 무서운 줄도 모르고 밤중에 오이순 따러 밭에 갔었어."
아주머니는 토사광란에 오이순이 좋다고 알고 있었다고 하셨다.
"연수 너 어려서 고생 많았는디... 동생들 보느라 학교도 못가고."
아주머니는 나의 어린 시절에 대한 이야기도 해주셨다.
오랜 시간이 지났지만 또렷이 기억하고 계셨다.
돌아오는 길에 감사의 작은 선물을 하나 전해드리자 아주머니는 "이런 걸 왜 사왔어" 하시며 손수 지으신 깨를 넉넉히 비닐봉지에 담아 주셨다.
"아이구, 이렇게 귀한 걸 주세요. 힘들게 지으셨는데. 친정집 왔다 가는 것 같아요."
엄마는 활짝 웃으며 감사히 받으셨다.

아버지가 집에 안 계시고 엄마가 일을 하시니 난 일찍부터 엄마를 대신해 무언가를 해야만 했다. 동생들을 돌보고, 밥도 하고, 빨래도 했다.
어느 해 겨울이었다. 큰 오빠가 서울에서 내려오면서 작은 트랜지스터 라디오를 사왔다. 우리 집에 처음으로 생긴 라디오다. 하루는 집 뒤 샘으로 빨래를 하러 가면서 난 그 트랜지스터 라디오를 가지고 갔다. 라디오를 틀어놓고 빨래를 하고는 라디오는 그곳에 두고 빨래만 가지고 집으로 돌아왔다. 돌아와서는 집 울타리에 빨래를 널어놓고 그날의 미션을 다 마친 양 방에 편안히 누워 있었다. 그러다 얼마나 지났을까.

"아! 라디오!"

생각이 번쩍 났다. 너무 놀라서 황급히 샘으로 가보니 라디오가 온데간데없었다. 하늘이 노랗게 보였다. 잃어버렸다 생각하고 큰 오빠에게 혼날 생각을 하니 심장이 쪼그라드는 것 같았다. 가족들에게 라디오 얘기는 꺼내지도 못하고 난 아랫동네로 무작정 내려갔다. 내려가면서 조금 전 어떤 나무꾼 한 명 지나가는 것 보지 못했느냐고 동네 사람들에게 물었다. 내가 샘에 갔다 오고 얼마 안 있어 한 나무꾼이 우리 집 앞을 지나갔기 때문이다. 난 분명히 그 사람이 가져갔을 거라고 생각을 했다. 그러나 그 나무꾼을 본 사람은 아무도 없었고 난 힘없이 다시 집으로 돌아오고 말았다. 그러나 그 날 라디오 얘기를 하는 사람은 아무도 없었다.

그 후 지금까지도.

언제부터인가 어릴 적 살았던 시골에 가보고 싶었다. 가난했지만 정겨웠던 마을이 보고 싶었다. 큰 맘 먹고 시간을 내어 가보았다. 마을은 좀 바뀌었지만 그 샘은 여전히 그곳에 있었다. 추억 속의 사람들은 더 이상 그곳에 없었지만 나의 어린 시절의 기억들은 그곳에 고스란히 묻혀 있었다.

커가면서는 엄마도 챙겨드렸다.

시장에서 돌아오시면 저녁상을 차려 드리고 설거지를 했다 그게 중학교도 들어가기 전이다. 엄마가 해야 할 일을 어린 내가 하기 시작했다. 그리고 엄마의 기분을 살폈다. 엄마의 그날의 기분, 감정이

어떤지를 살핀 것이다. 일찍부터 엄마의 눈치를 보기 시작했다. 어떤 때는 새벽 일찍 일어나서 밥을 짓기도 했다.

종종 엄마는 오히려 당당히 말씀하곤 하셨다.

"연수야, 집에 가서 애들 밥해 줘라."

한번은 겨울 방학이어서 작은 어머니 댁에 가서 몇 칠 지내고 있었는데 엄마가 들르셨다. 그리곤 시장에 가시면서

"연수야, 집에 가서 애들 밥해 주거라."

난 아무 대꾸도 하지 않고 그 길로 집으로 돌아갔다. 오히려 집으로 돌아가면서 쌀을 한 말 사가지고 머리에 이고 갔다. 가끔 웃으며 말한다.

"난 어릴 때 소녀 가장이었어, 애기 보고 집안일 하는."

오래 전 일이다. 목포로 전도여행을 갔을 때이다.

그곳에서 한 가정을 만났다. 선원이었던 남편이 사고로 바다에서 죽고, 반신불수인 어머니와 어린 4명의 아이들이 있는 가정이었다. 큰 아이가 딸아이였는데 초등학교 5~6학년쯤 되는 아이였다. 그 아이의 등에는 어린 막냇동생이 업혀 있었다. 돌을 갖 전후한 아이였다. 그리고 어린 두 동생들은 말없이 언니의 곁을 지키고 있었다. 아이의 얼굴에는 짙은 그늘이 드리워져 있었다. 엄마도 그 어린아이의 몫이었다. 돌봐드려야 할.

난 그 여자아이를 보면서 마음이 짠~ 했다. 그 어린아이의 어깨 위에 얹힌 삶의 무게감을 느낄 수가 있었다. 물론 내 어린 시절이 그렇지는 않았다. 그러나 어린아이가 어린아이답게 살 수 없는 그

아이의 상황이 많이 안타까웠다. 어린 시절을 잃어버린 그 아이가 얼마나 힘들지 마음이 아렸다.

어린아이는 아이답게 자라야 한다. 어린아이들은 생존을 위하여 전적으로 부모를 의지할 수밖에 없고, 부모의 헌신적인 돌봄과 무조건적인 사랑을 통하여 신뢰와 세상을 탐구할 힘을 얻는다. 그러나 나에겐 아버지는 집에 계시지 않았고, 계셔도 우리들에게는 아무 관심이 없으셨다. 엄마는 항상 바쁘고, 집에 오실 때는 이미 지쳐 있었기 때문에 우리들에게 줄 에너지가 없으셨다.

어린 내 마음은 늘 허전했다. 친구들과 잘 싸우지도 않았지만 '내가 싸운다면 나를 지켜줄 사람이 없는데' 라고 생각했었다.

하와이 열방대학에서 성경적 기초 상담과정을 공부하고 있을 때이다. 그곳에서는 한 주간 동안 배운 것을 저널로 제출하는 것이 과제 중 하나였다.

난 주말이면 대체로 책상 앞에 앉아 주어진 가이드라인을 따라 오전 내내 어느 때는 하루 종일 저널과 씨름을 하였다. 기본 틀 안에서 자유롭게 창의적으로 할 수 있었다. 그림을 그릴 수도 있었고 콜라주를 해도 되고 자유롭게 했다.

그런데 이상한 일이 일어났다. 난 잡지책에서 아주 어린아이, 초등학교 들어가기 전 연령의 아마 5~6세 여아의 사진이나, 아버지와 함께 놀고 있는 여자아이의 사진을 저널에 자주 붙이는 것을 보았다. 예쁜 여자아이들에게 내 마음이 자꾸 갔다.

어느 날 방을 같이 쓰는 간호사 출신의 성격 좋은 스위스인 룸메이트가 책상에 앉아 저널을 하고 있는 내 곁으로 오더니
"연수, 어린아이의 사진을 많이 붙여 놓았네."
내 노트를 넘겨보면서 말했다. 그때는 몰랐다. 그러나 이제는 알 것 같다. 그때 내가 왜 그랬는지. 난 겉은 어른이었지만 내면에는 자라지 않은, 정서적으로 자라기를 멈춘 어린 여자아이가 있었다는 것을.

그리고 이제야 알게 된다. 왜 내가 그동안 스스로 나를 어리게 생각했었는지를. 일찍 애어른이 된 아이는 정작 어른이 되어서는 애 같다는 것을. 돌봄을 받아야 할 때는 돌봄을 받지 못하고, 어른이 되었는데 돌봄을 필요로 하는 애어른이 되어 있었던 것이다.

《아버지와 딸》의 노먼 라이트에 의하면, 어려서 일찍 아버지를 잃어버리거나 육체적 또는 정서적으로 아버지와 단절이 되면, 감정의 발달이 멈추게 되고 어른으로 성장하는 과정이 방해를 받는다.

억울한 아이

내 안에 그렇게 억압된 분노가 있는지 몰랐다. 특별히 아버지에게 화를 많이 냈다. 모든 비난을 아버지에게 돌렸다.
'아버지가 제대로 사셨으면 내가 이렇게 되지 않아도 되는데'
하는 생각이 마음 깊은 곳에 자리를 잡고 있었기 때문이다. 그

리고 그 화는 또 예상치 않는 곳에서 엉뚱한 사람에게 나타나기도 했다. 내가 왜 그러는지 알 수 없었다. 꼭 고슴도치 같았다.

오랫동안 내 인생의 문제가 적성에 맞지 않는 학교를 다닌 것이 문제의 원인이라고 생각하며 살았다. 고등학교를 어디 나왔다고 말할 때마다 스트레스가 올라왔다. 신경질이 났다. 그리고 내가 어떻게 해서 그 학교를 가게 되었는지를 설명하려고 하면 더 짜증이 났다. 그럴 때마다 내 속에선

'난 그런 사람이 아니야!'

하는 외침이 있었다. 나 스스로는 나를 꽤 괜찮은 사람이라고 생각하고 있는데, 그런 나를 보여 줄 수가 없다는 것이 나를 힘들게 했다.

노먼 라이트는 그의 저서 《아버지와 딸》에서 "상처를 받으면 취약한 상태가 되고, 약해지며, 고갈되고, 소망이 없으며 무기력해집니다"(p103)라고 말했다.

고등학교를 졸업하고 난 공중에 붕 뜨게 되었다. 대학도 못가고 취업도 못했다. 난생 처음으로 깊은 절망과 좌절을 경험했다. 그런 나를 보고 또 그 모습을 가족들에게 보여 주어야 한다는 것이 내게는 너무 두렵고 고통스러운 시간이었다. 한동안 방황했다. 갑자기 무엇을 어떻게 해야 하는지 알 수 없었다. 뭘 하고 싶은지도 모르겠고 앞도 보이지 않았다. 그냥 깜깜했다.

이제야 그때 내가 얼마나 힘들었는지 나의 고통의 깊이를 느낄

수 있고, 얼마나 불안하고 위축되어 있었는지 알게 된다. 오랜 세월이 지난 지금에서야 눈물이 나고, 그때의 나를 위해 울어 줄 수 있게 되었다.

시간이 갈수록 내 마음은 점점 더 강퍅해지고 거칠어졌다. 옛날의 그 착하고 양 같던 난 온데간데없고 갑자기 골치덩어리요 미운 오리 새끼 한 마리로 전락하게 되었다.

어느 날 작은 오빠가 "쟤가 왜 저렇게 되었지…" 하고 혼잣말을 하는 것을 들을 수 있었다. 아버지가 한마디 하시면 난 열 마디를 했다. 한 번은 아버지에게 악에 받쳐서 "나 죽여라" 하고 덤빈 적도 있다. 지금 생각하면 내가 완전히 미치지 않은 이상 어떻게 그랬는지 나 자신도 이해가 되지 않는다.

엄마에게도 화가 났다. 전통적이고 고전적인 사고방식을 가지고 있는 엄마에 대해, 그리고 자신을 돌보지 않는 엄마에 대해 화가 났다. 가끔 사람들은 내 손을 한 번 보고 내 얼굴을 본다. 그리곤 고개를 갸우뚱하며 "얼굴은 고운데 손은…" 한다. 난 악수를 잘 안 한다. 내 손이 못생겼다고 생각하기 때문이다.

내가 스코틀랜드에 있을 때이다. 하루는 휴식 시간에 작은 룸에 몇몇이 모여서 카드놀이를 하고 있었다. 그곳에는 손이 아주 예쁜 까만 얼굴의 곱슬곱슬 파마머리를 한 남아프리카공화국 출신의 선교사님이 있었다. 몸은 뚱뚱했지만 싱긋 웃는 얼굴이 아름답고 손은 섬섬옥수였다.

우리는 게임을 하면서 자연스럽게 사람을 처음 만났을 때 어디를 먼저 보는지 나누게 되었다. 난 얼굴을 먼저 보고 전체적인 분위기를 본다고 했다. 그러자 남아프리카공화국에서 온 그 선교사님은 자기는 손을 먼저 본다고 했다. 그 이야기를 듣고

"내 손은 어때?"

내가 손을 내밀어 보였다.

"그 손은 음…" 그 선교사는 더 이상 말을 하지 않았다.

어느 날 엄마와 둘이서 소파에 앉아 있었다.

난 엄마의 손을 만지면서

"엄마, 그렇게 고생하셨는데 손은 고생하신 것에 비하면 고운 편이야."

"엄마, 내 손 좀 봐. 이렇게 못 생기고 크잖아. 어려서 밥하고 빨래해서 그래."

엄마는 내 손을 한 번 힐끗 보시더니

"원래 그렇게 태어났지 뭐."

하시곤 고개를 돌리시더니 정면을 바라보셨다.

둘은 더 이상 말이 없었다. 일말에 어떤 위로의 말을 기대했던 난 엄마의 그 한마디에 입을 닫아 버리고 말았다. 늘 그랬다. 어려서부터. 내가 무언가를 말하면 엄마는 단칼에 잘라 버리셨다. 그렇다고 나이 많으신 엄마하고 그게 아니라고 우길 수도 없고. 그렇게 엄마하고 난 말이 잘 안 통한다. 내가 마음을 나누면 엄마는 현실을 얘기 하시니 거기엔 어떤 일말의 접촉점이 없고 얘기하면 더 화만 난다. 그리고 내 손을 보면 속상하고 화나는 마음이 있다.

언제부터인가 엄마에 대해 목소리를 높이는 나를 보게 되었다. 그럴 필요가 없는데 나도 당황하게 되었다. 이제야 알게 되었다. 내 안에 억압된 분노가 많다는 것을. 억울한 감정이 눌려 있었다는 것을.

역기능 가정에서는 분노가 받아들여지지 않는다. 그래서 아이들은 화가 나도, 불만스러워도, 힘이 들어도, 하고 싶지 않아도 표현을 못하고 감정을 꾹꾹 누르게 된다. 그리고 그 감정이 쌓이고 쌓이다 보면 언젠가는 어떤 모습으로든지 드러나고 폭발하게 되어 있다. 나도 그랬다. 나는 자라면서 "왜요?" 또는 "왜 내가 해야 되나요?" 또는 "왜 그러세요?"라는 말을 한 번도 해본 적이 없다. 마음에 안 들어도, 화가 나도, 속상해도, 억울해도 그냥 참았다. 어차피 화를 풀어줄 사람도 들어줄 사람도 없었기 때문이다. 지금 생각하면 마음이 아프고 눈물이 난다. 마음에 상처를 받고 어디에서도 위로받지 못했던 어린 내가 불쌍하고 안쓰럽다.

초등학교 때이다.

어느 날 엄마는 안마당에 흩어져 있던 쌀인지 보리쌀인지를 주우라고 했다. 엄마의 말씀을 따라 줍기를 시작했다. 조금 줍다 보니 바닥에 떨어진 쌀이 내 눈에는 꽤 많아 보였다.

'이걸 언제 다 줍나!'

순간 꾀가 났다. 옆에 있던 빗자루를 가지고 나머지 쌀을 다 쓸어 버렸다. 잠시 후 엄마가 오셔서 보시더니 "이그!" 하시면서 손으로 등을 한 대 때리셨다. 그런데 등을 한 대 맞으면서 어린 나이지만 거기에 엄마의 감정이 실려 있는 것을 느낄 수 있었다. 그 순간 내 자신이 산산이 부서지는 느낌이 들었다. 순식간에 손이 날아왔기 때문에 피하지도 못했다. 그렇게 아프지도 않았다.

얼마 전 난 생각해 보았다.

'등을 한 대 맞은 것이 뭐 그리 내 자신이 그렇게 산산이 부서지는 느낌이었을까? 아픈 걸로 말하면 어느 날 밤 밥 안 먹는다고 엄마에게 회초리로 종아리를 맞은 것이 더 아팠을 터인데.'

종아리를 맞으면서는 아파서 울었던 기억이 있다. 그러나 등을 한 대 맞고는 별로 아프진 않았기 때문에 울지도 않았다.

엄마는 자녀들을 때리시는 분이 아니었다. 우리는 별로 맞아본 기억이 없다. 한두 번 외에는. 그런데 이제 생각이 났다. 그때 맞고 나서.

'이게 그렇게 맞을 짓인가?'

어렸지만 왠지 엄마가 괜히 나를 때렸다는 생각이 들었다. 그때의 나의 감정을 들여다보니 억울함 그리고 부당함이었다.

이제는 그때의 엄마를 이해할 수 있다. 엄마 혼자 벌어서 아이들을 돌보고 키우려니 많이 힘드셨다는 것을. 엄마에게는 쌀 한 톨도 귀했다는 것을. 내가 엄마였어도 아마 그랬을 것 같다. 그러나 그런 엄마의 입장을 알 길 없는 이 어린아이는 엄마로 인해서 마음에 상처가 생기고 우울하게 되었다. 그리고 해결되지 않은 그 감정이 가슴속 저 깊이에 있었다는 것을 알게 되었다.

초등학교 6학년 겨울이었다. 저녁해가 서산을 막 넘어가면서 하늘에 붉은 노을을 드리우고 있었다. 그때 엄마는 시장에 가려고 길가에서 버스를 기다리고 있었고, 그 옆에는 손주를 등에 업은 동네 아주머니 한 분이 서 계셨다. 난 마지막으로 비춰지는 차가운 겨울 햇빛을 받으며 엄마에게 다가갔다.

"엄마 돈 주세요."

아주 적은 액수의 돈이었다. 친구에게 갖다 주어야 할 돈이었다. 아마 몇백 원이었다. 그런데 내 말이 끝나자마자 엄마는 뒤돌아보시면서

"저 육시랄 년이"

하시며 눈을 부라리며 욕을 하셨다.

너무 놀라고 당황해서 난 어쩔 줄을 몰랐다. 그때 그 말이 무슨 뜻인지 정확히 알 수는 없었지만 엄청 안 좋은 말인 것만은 분명했다. 엄마의 얼굴 표정과 말의 강도를 통하여. 그러자 그 옆에 계시던 동네 아주머니가 "어떻게 그런 말을 하세요" 하면서 너무 어이가 없다는 표정으로 엄마를 바라보셨다.

난 동네 아주머니가 있는 앞에서 그런 말을 들으니 어디 쥐구멍이라도 들어가고 싶었다. 그러나 어디 도망가서 숨을 데가 없었고, 엄마의 그 말은 비수가 되어 내 마음에 깊이 박혀 버리고 말았다. 너무 창피하고 내 자신이 부끄럽고 수치스러웠다. 내가 엄청 뭔가 잘못을 저지른 아이 같았다. 그야말로 마른하늘에 청천벽력이었다. 난 영문도 모른 채 무방비로 그냥 당하기만 했다. 엄마는 자신이 무슨 짓을 하는지도 모른 채 어린 딸에게 씻을 수 없는 마음의 상

처를 주고 있었다. 자신의 힘듦을 나에게 감정을 실어서 쏟아 부었다. 나를 아주 작고 초라하게 만들었다.

중학교 3학년 여름 방학 때였다.

아는 선생님 댁에 놀러 갔다가 공부를 하고 다음날 집으로 돌아왔다. 즐겁게 돌아왔다. 집에 돌아오니 엄마는 안방에 문을 열고 누워계셨고 그 옆에 동생들이 앉아 있었다.

엄마는 나를 보시자마자 무어라고 욕을 하시더니
"이거 가서 데워 와"
하시면서 허리 찜질 하고 있던 것을 내게 던지셨다.

그때 엄마는 허리가 아파서 일도 못 나가시고 누워서 찜질을 하고 계셨는데, 나를 보시자 화가 치밀어오른 것 같았다. 내가 있어야 밥도 해주고 시중도 들어드리는데 그런 내가 집에 없어서 불편 했던것이다.

난 집에 오자마자 엄마에게 집중 포화를 받은 후 아무 말도 못하고 조용히 부엌으로 갔다. 내 마음은 참으로 우울했다. 서글펐다. 엄마가 얼마나 아픈지 알 길이 없는 나로서는 내가 받은 상처만 느낄 뿐이었다. 그리고 그날 더욱 내 마음을 슬프게 한 것은 집에 아무것도 없었다는 것이다. 이것이 내 마음을 더욱 무겁게 했다.

맹세한 아이

초등학교 다닐 때에 나는 거의 매일 잠자리에 들기 전 일기를 썼다. 그동안 모았던 일기장이 꽤 되었다. 지금은 가지고 있지 않지만 있으면 좋았을 걸 하는 마음도 든다. 하루는 일기를 쓰는데 일기장에

"나는 이다음에 커서 엄마를 위해 살 거야"

라고 적었다. 일종의 나 자신과의 맹세 비슷한 거였다. 그리고 그것은 평생 나를 마음으로부터 엄마를 떠나지 못하고 묶어 놓는 결과를 낳았다는 것을 나중에서야 알게 되었다
 어린아이의 눈에 비친 고생하고 힘든 엄마의 삶을 보면서 엄마를 돕고 싶은 마음이 자연스럽게 자라게 되었다. 그래서 군말 없이 엄마가 시키지 않아도 집안일을 했다. 그런데 문제는 내가 그렇게 함으로 인해서, 그것이 나의 역할로 가족들 가운데 암묵적으로 자리를 잡게 되었다는 것이다. 밥하고 청소하고 빨래하고… 특히 엄마가 장사를 시작했을 때에 막냇동생은 아주 어렸다.

엄마는 이 어린 막냇동생을 나에게 맡기고 일을 시작하셨다. 하루는 늦게까지 돌아오지 않는 엄마를 막냇동생이 보고 싶어서 밤에 자다가 일어나 엄마를 찾으면서 울기 시작했다. 나는 일어나 우는 동생을 등에 업고 "울지마, 울지마" 하며 달래기 시작했다. 그러

나 막냇동생은 울음을 멈추지 않았고 달래도 동생이 울음을 멈추지 않자 나도 어떻게 할 수 없어서 울음을 터뜨리고 말았다. 그러는 사이 엄마가 돌아오셨다. 난 서러워서 엄마에게 다 말했다. 내 등에서 동생을 받아 든 엄마는 주머니에서 뭔가를 꺼내어 내 손에 쥐어 주시더니 "너만 먹어" 하시면서 막냇동생과 함께 누우셨다. 손을 펴보니 노란 종이에 싼 인절미 2~3개였다.

어떤 때는 아침밥도 내가 해 먹고 학교를 갔다. 이렇게 나는 아주 어려서부터 정서적으로 엄마와 깊이 밀착되어 있었다. 그 밑바닥에는 두려움이 있었던 것 같다. 엄마를 잃을지도 모른다는 두려움. 대부분의 아이들에게 "너 커서 뭐하고 싶니?" 하고 물으면 어떤 아이는 선생님, 어떤 아이는 의사, 어떤 아이는 소방관, 어떤 아이는 군인 등등 다양하게 자기가 하고 싶은 것을 말한다. 요즘의 아이들은 더 자연스럽고 당당하게 말한다. 그런데 난 어려서 내가 뭐 하겠다고 말해 본 적이 없다.

건강한 가정에서는 개개인이 한 개인으로서 존중되고 보호된다. 그리고 부모는 부모의 역할이 있고 자녀는 자녀의 역할이 있다. 거기에는 일정한 선이 있다. 그러나 건강하지 않은 역기능 가정에서는 이러한 것들이 무너져 있다. 우리 집도 마찬가지였다.

데이빗 스툽(David Stoop)과 제임스 매스텔러(James Masteller)는 《부모를 용서하기 나를 용서하기》에서 "누가 부모이고 누가 자녀인지 경계선이 불분명할 때 종종 자녀들은 부모 노릇을 한다"(p126)고 말하고 있다.

　나는 학교를 다니면서 공부를 못한 편이 아니었고 칭찬과 관심을 받는 학생 편에 속해 있었다. 그래서 난 스스로를 자존감이 높은 사람으로 생각하고 있었다. 그러나 그렇지 않다는 것을 오랜 세월이 지나서야 알게 되었다.

　아치볼드 하트(Archibald D. Hart)는 《《참을 수 없는 중독》》에서 "동반의존자들은 흔히 자아에 문제가 있다. 대부분 자존감이 낮고, 자신의 내면과 분리되어 있고, 자신을 위하여 생각하고 느끼고 행동하거나 돌볼 능력을 잃어버렸다"(p155)라고 말한다.

　난 내가 없었다. 내가 없으니 내 의사도 없었고 내 일인지 다른 사람 일인지 구분도 못했다. 나 자신을 위해 생각하고 행동하고 돌보는 능력을 너무 일찍 잃어버렸다. 그저 순응적인 아이였다. 학생이니 학교에 다니고, 학교에 다니니 공부를 했을 뿐이다. 내가 이 공부를 해서 난 어떻게 하겠다는 생각이 없었다. 아닌 것을 아니라고 말할 줄도 몰랐다. 엄마가 한 번 꾹 눌러서 말하면 내 감정은 진토에 붙어 버렸다. 내 감정과 의사는 중요한 것이 아니었다.

　초등학교 6학년 때였다.
　학교가 끝나고 친구와 함께 집으로 돌아가고 있었다. 돌아가면서 우리는 서로 구두를 사신기로 했다. 그런데 그 말을 하면서도

'나는 구두를 사달라고 할 사람이 없는데.'

하는 마음이 마음속 깊은 곳에서는 들렸지만, 난 그것을 무시하고 큰 소리로 "서울에 있는 큰 오빠에게 사달라고 해야지"라고 친구에게 말했다.

내 친구는 집이 부유했다. 얼마 지나지 않아 그 친구는 구두를 신고 학교에 왔다. 그러나 난 구두를 사달라고 할 사람이 없었다. 물론 큰 오빠에게도 못했다. 내가 원하고, 하고 싶고, 갖고 싶은 것을 말하고 표현할 사람이 없었다.

자존감은 부모와의 관계를 통하여, 부모의 무조건적인 사랑과 돌봄을 통하여 우리 안에 생기게 되는 자기 자신에 대한 상인데, 난 아버지와 엄마 이 두 분들과의 관계가 상실된 채 자라나게 되었다.

난 인정받고 싶은 욕구가 많았다. 인정받고 칭찬을 받을 때 난 내 존재감을 느끼고 내가 가치 있게 느껴졌다. 그런데 밖에서는 그렇게 많이 받는 인정과 칭찬을 정작 집에서는 받지 못했다.

중학교 1학년 때이다.

학교에 들어가자마자 첫 시험에서 일등을 했다. 난 기뻤다. 엄마에게 자랑을 하고 싶었다. 엄마의 칭찬을 기대하며 통지표를 받아 들고 집으로 돌아왔다. 마침 엄마가 집에 계셨다. 난 마루에 서 계신 엄마에게 가방에서 통지표를 살며시 꺼내 보여 주면서 "엄마, 나 70명 중에서 일등이야"라고 손가락으로 가리키며 보여 주었다. 그러나 엄마는 마루에 서신 채로 내 통지표를 받아서 가만히 들여다

보기만 하실 뿐 아무 말씀이 없으셨다. 난 순간 머쓱해졌다. 왠지 쑥스러웠다. 그 길로 옆에 있는 이모네 집으로 달려갔다.

   예수님을 믿고 크리스찬이 되었다. 하나님이 나를 사랑하신다는 것을 알게 되었다. 그리고 그 사랑을 느끼기 시작하면서는 하나님의 은혜에 보답해야 한다는 생각이 은연중에 내 무의식 저 깊은 곳에 자리를 잡기 시작하였다.
   하나님이 나의 아버지가 되어 주시고 난 그분의 자녀가 되었는데, 아버지와 자녀로서 관계를 하는 것이 아니라 종과 주인과의 관계를 갖고 있었다. 물론 머리로는 하나님 아버지가 나의 아버지이고 그분이 나를 사랑하시며 나는 그분의 자녀라는 것을 안다. 그리고 그분이 나를 있는 모습 그대로 사랑하시고 받아 주신다는 것을. 그러나 실제로 삶속에서는 그렇지가 않았다.
   '감히 하나님이 나를 어떻게 사랑하시나 무조건적으로 그분의 사랑과 은혜에 보답해야지' 라고 생각하며 살았다.

   난 능력도 없으면서 계속해서 하나님 아버지를 위해서 뭔가를 하고, 그 무언가를 통하여 나를 증명하려고 했다. 그중에서도 특별히 나를 필요로 하는 사람들에게 난 올인했다. 밤이고 낮이고 그들이 필요로 하면 언제든 달려갔다. 적절한 경계선이 없었다. 그들의 필요를 돌보는 것이 나의 가치를 높이는 일이었다. 어떤 때는 다른 사람의 말을 너무 많이 들어서 귀에서 소리가 날 정도였다. 다른 사람의 문제를 해결해 주려 했다. 해줄 수도 없으면서. 나를 돌보고 나의 필요를 채워야 할 시간에 나는 없었다. 난 끊임없이 내가 하는 일을 통하여 나의 가치를 증명하고자 했다. 그러나 그러면 그럴수록 난 더욱 지치고 탈진하기를 반복하였다. 지치면 난 잠을 많이 잤다. 어느 때는 하루 종일도 잤다.

한 번은 하와이 코나 열방대학에 있을 때이다. 그때 난 나 자신을 위해서 심각하게 고민을 하고 있었다. 하나님의 은혜는 있는데 마음이 너무 피곤했다. 하나님을 섬기는 것이 즐겁고 기쁜 일이 아니라 꼭 도살장으로 끌려가는 것 같았다. 이젠 그래도 뭘 좀 아는 것 같기도 하고 뭔가를 할 수 있는 것 같기는 한데 마음은 많이 메말라 있고 피곤하기 그지없었다. 그동안 내 몸을 불살라 하나님 아버지를 섬기던 마음은 다 어디로 가고 없었다. 몇 사람하고 내 마음을 나눠 보기도 했다. 그러나 그 누구도 나에게 답을 줄 수는 없었다. 내 문제였고 내가 결정할 사항이었다.

그런데 하루는 그곳에서 사고가 발생했다. 한국에서 공부하러 온 학생 한 명이 주말에 친구들과 바다에 나갔다 파도에 휩쓸리고 찾지 못하게 되었다. 그곳의 모든 일정은 다 멈추어졌고, 우리는 다 같이 한 자리에 모여 하나님의 얼굴을 구하고 있었다. 뜨거운 태양이 내리쬐는 한낮이었다. 인도자가 "이 상황을 통하여 하나님이 우리에게 무어라고 말씀하시는지 각자 하나님의 음성을 들읍시다" 했다.

나도 조용히 눈을 감았다.

그런데 "하나님, 더 이상 못하겠습니다" 하는 말이 내 입에서 깊은 탄식처럼 흘러나왔다. 그리자 "포기하지 말아라" 하는 음성이 내게 잔잔하면서도 분명하게 들려왔다. 갑자기 따뜻한 눈물이 주르륵 내 볼을 타고 흘러내렸다. 난 그 흐르는 눈물을 두 손으로 닦았다.

발달이 멈춘 아이

중학교 2학년 여름 방학에 서울 오빠에게 가기 위해 밤중에 엄마는 내 가방을 챙기고 계셨다. 작은 까만 가방에 내가 가서 입을 옷들을 주섬주섬 넣기 시작하셨다. 난 짐을 꾸리는 엄마 옆에 바짝 앉아서 보고 있었다. 초등학교 때는 그래도 엄마가 옷을 사주셨지만 중학생이 되어서는 거의 옷을 사주시지 않았다. 주로 교복이나 체육복으로 해결을 했다. 그리고 이모가 입던 옷을 받아 입었다. 그날도 엄마는 이모로부터 받은 옷 중에서 초록색 치마를 가방 속에 넣고 있었다. 그것을 지켜보던 난
"엄마, 서울 애들은 짧은 치마 입을 텐데…"
"뱁새가 황새 쫓아가려면 가랑이 찢어진다."
엄마는 나지막하지만 단호한 목소리로 내 말을 단칼에 잘라 버렸다. 난 더 이상 말을 하지 못하고 입을 다물어 버렸다. 마음에 상처를 받고 찌그러진 난 뾰로통해졌다. 찬물이 내 마음에 확 끼얹어지는 느낌이었다.

오래전 교회 청년들 20여 명을 데리고 홍콩과 마카오, 중국을

갔던 적이 있다. 홍콩에 도착해서 입국 심사대를 통과한 우리는 아직 나오지 않은 청년들을 기다리고 있었다. 기다리고 있던 중 혜주가 갑자기 "다 나왔으면 갑시다" 했다. 혜주와 난 같이 이 팀을 인도하고 있었다. 그런데 혜주의 그 말을 듣는 순간 내 마음이 뭔가 편치가 않았다. 혜주의 목소리의 톤과 말하는 모습을 보면서 '내가 리더인데 왜 저러지?' 하는 생각이 들면서 내 마음이 혜주를 향하여 꽁하니 닫혔다. 혜주가 좀 오버한다고 생각했다.

"아직 다 안 나왔어. 기다려" 하고 난 조금 목소리를 높여서 말했다.

지금 돌아보면 그 상황은 내가 그렇게 예민하게 반응을 할 일도, 목소리를 높일 필요도 없는 상황이었다. 웃으면서 아직 사람들이 다 나오지 않았으니 조금 더 기다리자고 할 수 있는 상황이었다.

그날 저녁이었다. 홍콩의 찌는 듯한 더위 속에서 우리는 모두 숙소에 짐을 풀고 쉬고 있었다. 그러나 내 마음은 그때까지 불편하고 찌그러져 있었다. 혜주를 향해서. 드디어 난 혜주와 공항에서의 일에 대하여 이야기를 해야겠다고 생각했다. 오래 전 일이라 그 이후 더 이상의 기억은 잘 나지 않는다. 무슨 말을 했는지. 그러나 확실히 기억하는 건 내가 혜주에게 무슨 말인가를 했고 그 시간이 왠지 무거웠다는 것이다.

물론 어렵게 말을 꺼냈다. 그 말을 하기까지는 내 마음에도 전쟁이 있었다. 그 말을 해야 하는지, 하지 말아야 하는지 고민했다. 그리고 착한 혜주는 자기는 별 뜻 없이 말했다고 했던 것 같다. 그러면서 자기는 내가 그렇게 생각할 줄 몰랐다고 했다. 미안하다고 했던 것 같다. 혜주는 나로 인해 피곤했을 것이다. 아무 일도 아닌 것을 가지고 저녁에 한동안 말했다.

난 그렇게 쉽게 상처를 받았다. 그리고 많이 예민하고 민감했다. 그 예민함과 필요 이상의 민감함은 다른 사람들과 좋은 관계를 갖는 데 결코 도움이 되지 않았다. 꼭 어린아이 같았다

이것을 노먼 라이트 박사는 그의 저서 《당신의 과거와 화해하라》에서 "내적 어린아이"라고 정의하고 있다. 감정적으로 미성숙한 이 내적 어린아이는 해결되지 않은 어린 시절 겪었던 어려움이나 부정적인 영향력을 그대로 지니고 있으며, 현재의 우리의 삶에 영향력을 행사하는 고통의 근원이 된다.

또한 그에 의하면 어린 시절 부모로부터 방치된 채 성장하게 되면, 다른 사람들과 친밀한 교제나 의미 있는 관계를 맺는 능력이 부족하고 자신의 정체성을 확립하는 데에도 어려움을 겪는다. 또한 준비되지 않고 충분히 성장하지 않은 자녀에게 너무 많은 책임을 지우는 것 또한 부모가 자녀를 거부하는 형태이다. 어른이 져야 할 책임을 아이가 지는 경우를 말한다. 이런 사람은 부모로부터 받지 못한 사랑과 용납, 그리고 칭찬을 그리워하게 된다.

난 이중으로 고통을 당하였다. 마땅히 엄마와 아버지로부터 받아야 할 것들을 받지 못하고, 또 엄마가 해야 할 것들을 어린 내가 함으로 또다시 거부당하고 거절당하는 경험을 하게 되었다. 이것은

내가 건강하게 독립된 인격체로 성장하고 성숙하는 데 있어 큰 장애물이었을 뿐만 아니라 연약하고 불안정한 정체성으로 인해 현재의 삶을 살지 못하게 했다.

나는 어려서부터 상대방이 나를 기뻐하고 받아주는지 거절하는지에 매우 민감했다. 내가 받아들여지면 난 안정감을 느끼고 자유로웠다. 그러나 나를 별로 좋아하지 않는 것 같으면 나도 상대방을 멀리하고 마음 문을 닫았다. 내가 주목받고 관심의 대상이 되지 못하면 마음이 힘들었다. 학교 다닐 때는 그것이 더욱 분명히 드러났다.

중학교 2학년 때이다. 담임선생님은 나를 특별히 예뻐해 주시지 않았다. 난 그저 많은 학생들 중의 한 명이었다. 난 그분에 대한 기억이 별로 없다. 생각해 보아도 마음에 남아 있는 것이 없다. 그리고 처음엔 그것이 좀 받아들이기 어려웠다. 관심의 대상이 되지 않는 것이. 그러나 나중엔 포기하는 나를 보게 되었다. 성적도 그때가 제일 좋지 않았다.

성인이 되어서도 권위자로부터의 인정과 칭찬이 나에게는 아주 중요했다. 어찌하든지 권위자에게 순응하고자 했다. 특별한 경우가 아니면. 필요 이상으로 충성을 했다.

하나님 아버지의 사랑과 용서로 마음이 깨어진 많은 사람들을 위로하고 회복하는 데 쓰임 받으신 잭 윈터(Jack Winter) 목사님은 그의 저서 《아버지의 집으로》에서 "우리 모두의 내면에는 사랑을 필요로 하는 작은 아이가 있다"(p17)고 한다.

이제야 알게 되었다. 내가 원하고 찾은 것은 결국 사랑이었다는 것을. 내 안에는 사랑을 필요로 하는 작은 아이가 있었다는 것을. 나의 존재 자체를 기뻐하고 사랑해주는, 그런 사랑을 필요로 하는 아이가 있었다는 것을.

그러나 부모로부터 받지 못한 사랑의 상실감과 거절감을 외부에서 채우고자 했다. 사람에 대한 집착이 있었다. 내가 관심 있고 좋아하는 사람에게 특히 그랬다. 그 사람에게 중요한 사람이 되고 싶었다. 그러나 그렇지 않다고 느끼면 실망감이 찾아오면서 '저 사람에게는 나보다 더 중요한 사람이 있구나!' 하고는 나 혼자서 잡고 있던 그 사람을 살며시 놓았다. 그리고는 그 사람에게 쏟던 마음과 에너지를 거둬들였다. 스스로를 소외시켰다.

성경은 마가복음 10장 13절에서 "사람들이 예수께서 만져 주심을 바라고 어린아이들을 데리고" 왔다고 말씀하고 있다.

어린아이들은 부모로부터의 만짐을 필요로 한다. 그것을 통해 아이들은 사랑을 경험하고 느끼게 된다. 나는 그런 만짐을 경험하지 못했다. 오직 내가 아프거나, 엄마가 손으로 나를 두 번 정도 때렸을 때를 제외하고는.

하루는 엄마에게 물었다.

"엄마, 엄마 어릴 때 외할아버지, 외할머니가 엄마를 많이 만져주셨어? 쓰다듬어 주셨어?"

"별루."

"그럼 할머니는?"

"애기였을 때는 업어 줬겠지."

"아니, 엄마가 좀 더 커서 5~6살이나 초등학교 다닐 때?"

엄마는 기억에 없다고 하셨다. 이 질문을 통하여 난 엄마를 조금 더 알고 이해하게 되었다.

노먼 라이트는 "우리는 어린 시절에 다른 사람의 말과 행동에 의해 만들어진 이미지에 따라서 자신을 본다"(《《당신의 과거와 화해하라》》, p56)고 했다. 그리고 그에 의하면 다른 사람들에 의하여 경험된 것들은 우리의 감정의 기억 장치에 저장된다. 사랑받은 경험이 많은 사람들은 행복감이 많을 것이고, 경험하지 않아야 할 것들을 많이 보고 들은 사람들은 고통스러운 감정이 많을 것이다.

"내가 왜 이렇게 새끼는 많이 낳아가지고,"

이것은 어쩌다 우리가 엄마의 속이라도 썩이는 날이면 엄마가 가끔 하시던 말씀이다. 엄마의 삶에 대한 후회와 자신의 신세를 한탄하는 말씀이었다. 엄마에게는 우리가 짐이었는지 모른다. 자신이 돌보고 책임져야 하는 삶의 무거운 짐. 그리고 엄마의 그 말씀을 들을 때마다 왠지 내가 불필요한 사람처럼 여겨졌다. 엄마가 나를 기뻐하지 않는 것 같고, 나로 하여금 거절감과 무가치함을 느끼게 했다. 엄마의 그 말은 어린아이가 들어서는 안 되는 말이었다. 나를 슬프게 하는 말이었다. 나의 존재 자체에 대한 부정적인 영향을 주는 말이었다. 어린아이에게는 부모가 세상의 전부인데, 그 말은 나로 하여금 어디 있을 데가 없게 하는 말이었다. 갈 데가 없는 것이다. 나라는 존재 자체를 흔드는 말이다. 그 말을 들을 때 어린 내가 얼마나 작아지고 초라했는지 이제야 감정이 느껴지며 눈물이 난다.

성경 스바냐 3장 17절을 보면 "그가 너로 말미암아 기쁨을 이기지 못하시며 너를 잠잠히 사랑하시며 너로 말미암아 즐거이 부르며 기뻐하시리라"고 말씀하고 있다. 난 이제야 이 말씀이 무슨 말씀인지 알 것 같다. 이제는 이 말씀이 마음으로 다가온다. 믿어진다.

오래전 예수전도단에서 제자 훈련을 받을 때이다. 예배시간마다 서로 교제하는 시간이 있었는데, 그때에 우리는 이 찬양을 많이 불렀었다. 그러나 그 시간이 내게는 고통스러운 시간이었다. 어디 가서 숨어 버리고 싶은 시간이었다. 사랑을 잘 모르는데 사랑한다고 해야 하니 너무나 힘든 시간이었다.

나는 자라면서 엄마나 아버지가 나를 보고 기뻐하시는 것을 보지 못했다. 엄마나 아버지가 나를 기뻐하시고, 내가 그로 인해 기쁨을 이기지 못했던 경험이 불행히도 없다. 생일날에도 엄마는 아무 말 없이 미역국에 쌀밥을 해주셨을 뿐이다. 그러면 나도 그날이 내 생일인 줄 알고 말없이 밥만 먹었다. 오히려 어린 내가 엄마를 기쁘게 하려고 했다. 얼마나 마음이 아픈지, 이 글을 쓰면서 난 계속해서 흐르는 눈물과 콧물을 닦고 있다.

그러나 단지 엄마의 불행하고 고통스런 결혼생활뿐만 아니라 엄마도 자라면서 부모님으로부터 만져 줌을 많이 경험하지 못하고 자랐다는 것을 알게 되었다. 자신이 받아보지 못하고 경험하지 않은 것을 나누어 줄 수는 없었다.

엄마에게는 아주 오래된 낡은 흑백 사진 한 장이 있다.

엄마가 8살 즈음에 외할머니와 큰외삼촌과 외가댁에서 찍은 사진이다. 귀한 사진이다. 사진 속 외할머니는 창호지로 바른 방문 앞마루에 앉아계시고 엄마와 큰 외삼촌은 외할머니를 사이에 두고 왼쪽과 오른쪽에 서 있는 모습이다. 그들은 하나같이 정면을 바라보고 있다. 웃지도 않고. 큰외삼촌은 한복 바지와 저고리를 입으시고 위에는 실크로 만들어진 두루마기를 걸치고 있고, 엄마는 면으로 된 검정색 계통의 치마와 저고리를 입고 있었다.

외할머니는 하얀 면으로 된 치마와 저고리를 입고 까만 고무신을 신고 계셨다.

그 사진을 가만히 들여다보다 "엄마, 큰 외삼촌 귀하게 자랐나봐?" 하고 물었다.

"귀하게 컸지"

엄마가 나직히 대답하셨다.

"엄마, 외할머니는 얼굴이 동그랗고 키는 작으셨나 보네."

엄마는 그렇다고 하셨다.

"엄마, 엄마랑 큰외삼촌은 외할머니를 많이 닮지 않은 걸 보니 외할아버지를 닮았나 보네"

"외할아버지는 얼굴이 질쭉했어".

문제를 인정하기

캐나다에 있을 때이다.

한 번은 함께 일하는 동료와 작은 갈등이 있었다. 말하자니 치사하고 말을 안 하자니 마음이 좀 섭섭한 그런 거였다. 그때 난 그 작은 갈등을 어떻게 해결해야 하는지 몰랐다. 많이 미성숙했다. 어쨌든 말을 안 하고 있으려니 관계가 소원해졌다.

그러던 중 난 화해(Reconciliation)에 관심이 있어서 유럽을 3주 동안 방문하게 되었다. 독일과 프랑스, 그리고 스위스를 방문하였다. 그곳의 공동체들을 방문하면서 보고 배우는 시간을 가졌다. 참으로 귀한 시간이었다.

독일 빵이 맛있는 것도 그때 알았다. 유대인 수용소를 방문했을 때는 그동안 생각지 못했던 많은 것들을 느끼고 생각하는 시간이었다. 브란덴부르크 문 앞에서 하얀 소시지도 그때 먹어 보았다.

그 여행을 하는 동안 난 기차를 참 많이 탔다.

나라와 나라, 도시와 도시를 기차로 다녔다. 기차를 타고 다니는 동안 처음으로 나를 돌아보게 되었다. 나의 과거와 현재, 그리고 미래를 생각해 보게 되었다. 그동안 난 어떻게 살았고 앞으로는 어떻게 살고 싶은지 생각해 보는 시간이었다. 마치 인생의 나침반을 들여다보는 것 같았다.

그러는 가운데 나에게 내적인 문제가 있다는 것을 처음으로 스스로 인정하고 받아들이게 되었다. 다른 사람이 나를 어떻게 생각하는지에 대해 필요 이상으로 민감하고, 거절에 대한 두려움, 자신의 마음과 생각을 건강하게 나누지 못하고 자신의 뜻을 충분이 관철시키지 못하는 의사소통문제, 그리고 경직된 관계의 문제 등이 있었다. 또한 일을 어떻게 하느냐에 따라 교만과 열등감 사이를 왔다 갔다 했다. 자신에 대한 가치감도 낮고 정체성도 불안정했다.

그동안 알고는 있었지만 그것을 마음으로 인정하고 수용하기는 쉽지 않았다. 만일 그것들을 인정한다면 내가 완전히 부서져 내릴 것 같은 두려움 때문에 난 인정하고 싶지 않았다. 그래서 버틸 수 있는 데까지 최대한 버티고 있었던 것이다. 그러나 인정하고 받아들이니 오히려 마음이 편해지고, 도움이 필요하다는 것과 도움을 받아야겠다는 생각이 들었다. 생각이 거기에 미치자 오래 전부터 생각해 왔던 상담을 공부하기로 마음의 결정을 내렸다. YWAM(Youth With A Mission) 안에 있는 열방대학(University of the Nations) 과정을 밟기로 결정했다.

캐나다에서의 삶을 정리하고 하와이 코나로 갔다. 그곳에서 난 아주 좋은 시간을 보냈다. 아름답고 자유로우면서도 하와이 특유의 한가로움이 나를 정서적으로 많이 풀어 주고 채워 주었다. 하나님은 그곳에서 나를 육체적으로, 정서적으로, 영적으로, 충분히 돌보시고 먹이셨다. 맘껏 하나님을 예배하고 섬기며 또한 하나님의 아름다운 섬김을 받았다. 주말이면 뜨거운 바닷가에 나가 많이 놀았다. 물론 어느 주말에는 구명조끼도 입지 않은 채 바다에서 보드를 타고 놀다가 보드가 갑자기 뒤집히면서 바다에 빠졌던 적이 있다. 그때 난 두려움에 "살려 주세요"(help me)라고 외쳤는데, 나의 소리를 듣고 와서 도와주는 사람은 아무도 없었다. 함께 갔던 친구들은 해안가에서 놀고 있었고, 나만 혼자 해안가에서 꽤나 멀리 나가 있었기 때문이다. 그때 난 죽는 줄 알았다. 순간 공포감이 나를 사로잡았지만 극적으로 보드를 붙잡고 살아났다.

가족치료를 공부하고 있던 어느 날이었다.

저녁 어두움이 내리자 캠퍼스엔 하나둘 불빛이 켜지고 난 기숙사에서 쉬고 있었다. 그때 한 친구가 나를 찾아와서는 "연수야, 누가 너 찾아왔어" 하면서 나의 방문을 열었다.

'누가 나를 찾아왔을까? 나를 찾아올 사람이 없는데' 하면서 빠끔히 문밖으로 얼굴을 내미니 "언니, 나 연화야. 나 결혼했어" 하고 사랑하는 연화가 살며시 웃으면서 거짓말처럼 내 앞에 서 있었다. 난 너무 놀라서 기절하는 줄 알았다. 연화는 결혼을 하고 신혼여행으로 하와이에 오게 되었고, 내가 그곳에 있다는 것을 알고 찾아왔다고 했다. 그 소리를 듣자마자 "어머나! 내 친구가 결혼했어"라고 난 너무 기뻐서 방이 떠나가라 환호성을 질렀다.

우리 학교 앞에는 작은 호텔들이 있었는데 저녁이 되면 언제나 그곳에서 "알로하 오에~"하면서 아름다운 하와이언 음악이 들려왔다. 관광객들을 대상으로 민속 공연을 하고 있는 것이다. 나도 한 번 보고 싶었는데 기회가 없었다. 솔직히 말하자면 재정이 항상 빠듯해서 여유가 없었다. 그런데 연화가 호텔의 저녁식사에 나를 초대하면서 보고 싶었던 하와이언 민속 공연을 보게 되었다.

우리는 태평양 바다를 붉게 물들이는 석양을 배경 삼아 함께 호텔의 야외 테이블에 앉았다. 식사를 하면서 공연도 같이 보고 하와이언 전통 바비큐 요리도 먹으며 행복하고 즐거운 시간을 가졌다. 연화와 그곳에서 그런 시간을 갖는다는 것이 꼭 꿈만 같았다. 식사가 끝난 후 우린 해변으로 발걸음을 옮겨 늦은 밤까지 바닷가에 앉아 못다한 이야기를 나누며 헤어지는 아쉬움을 달랬다.

지금도 가끔 그곳의 뜨거운 태양과 아름다운 해변, 태평양 푸른 바다의 내음이 콧끝에 닿는 것 같고, 손을 뻗으면 닿을 것 같다. 거기서 먹었던 머드파이와 시간 나면 종종 갔던 바닷가의 찻집도 그립다. 바닷가에서 가졌던 바비큐 모임, 해변에서 가졌던 친구들과의 즐거운 교제. 나를 위해 예비하시고 준비해 주신 하나님의 값진 선물들이었다. 밤이 되면 별은 또 얼마나 총총한지 금방이라도 떨어져 내릴 것만 같았다. 가끔 그 쏟아질 것 같은 별빛 아래 벤치에 앉아 태평양 바다를 바라보며 기도를 하곤 했었다.

하나님은 이렇게 그곳의 환경을 사용해서 나를 회복하고 계셨다. 시편 23편에 보면 "여호와는 나의 목자시니 내게 부족함이 없으리로다 그가 나를 푸른 풀밭에 누이시며 쉴 만한 물가로 인도하시는도다"라고 하셨다. 하와이가 나에게는 푸른 초장이요 쉴만한 물가였다. 나는 그곳에서 쉬며, 회복하며, 강해졌다.

하와이 코나는 나를 나 자신이 되게 한 곳이다. 그곳에서는 'Yes' 또는 'No'를 분명히 표현해야 했다. 그리고 그것은 그대로 존중되었다. 이것은 나에게 엄청난 자유를 가져다주었고, 동시에 내가 누구인지를 말하고 알게 해주었다. 'No' 할 수 있는 자유가 너무 좋았다. "NO" 하고도 나를 당당하게 했다. 자라면서 '아니요', '싫어요' 라는 말을 거의 못했다. 내 경계선이 없었다. 이것은 나로서 존중받지 못하고 내가 누구인지 몰랐다는 것이다. 난 그저 말 잘 듣는 착한 아이였다.

한번은 상담학교에서 스태프로 섬기고 있을 때이다.
내가 섬기는 학교에 브라질에서 온 장래가 촉망되는 한 젊은 부부가 있었다. 그런데 학교에 낼 등록금이 부족해서 어느 날 등록금 마련을 위한 후원회의 밤을 강당에서 열었다.
마땅히 나도 참석해서 응원해야 함에도 불구하고 난 가지 않았다. 가고 싶지 않았기 때문이다. 다음날 아침 학교의 복도 의자에 앉아 있는 나를 같이 일하는 리더가 보고는 잠시 멈추어서서 "어제 왜 후원회의 밤에 오지 않았니? 그건 별로 좋은 매너가 아닌 것 같다" 말하고는 지나갔다. 지금 같으면 물론 갔을 것이다. 그리고 그 리더에게 미안하다고 했을지도 모른다. 그러나 난 그냥 아무 말도 하지 않고 그 리더의 말을 한쪽 귀로 듣고 한쪽 귀로 흘려버렸다. 그 말을 듣는 순간은 기분이 별로 좋지 않았지만 상관하지 않았다. 원래의 나로서는 상상도 할 수 없는 태도였다.

성경적 기초 상담과정을 통하여 난생 처음으로 생각과 감정을 구별하고, 그것을 '나' 메시지를 사용하여 생각과 감정을 표현하고 전달하는 법을 배우게 되었다. 훈련과 연습을 통해서. 우리는 일주일에 한 번씩 작은 그룹으로 모여 나의 생각과 감정을 나누는 훈련을 했다. 그 그룹은 굉장히 지적인 그룹이었다. 상대방의 이야기를 집중해서 듣고, 또 나의 이야기를 부담 없이 편하게 할 수 있는 그런 안전한 그룹이었다.

그 훈련을 통하여 말하고 듣는 법과 공감을 배우게 되었다. 뿐만 아니라 갈등을 어떻게 처리해야 하는지 잘 모르던 나는, 사람을 정죄하거나 지적하지 않으면서 갈등을 해결하는 법과 어떻게 의사소통을 해야 하는지도 알게 되었다. 그것은 관계에 엄청난 축복을 가져다주었다. 코나에서 성경적 기초 상담과정과 가족치료과정을 하고 호주 캔버라에서 가정상담 과정을 배웠다. 정신없이 배웠다. 마치 목마른 사슴이 시냇물을 찾기에 갈급함같이 그러한 갈증이 내 안에 있었다. 소화가 되고 있는지 안 되는지는 모르겠는데 지적인 욕구는 어느 정도 채워지고 있었다. 그 과정들을 하면서 나 자신과 우리 가정을 많이 생각하고 들여다볼 수 있었다. 처음으로 가정이 무엇인지, 가족은 어떤 시스템을 가지고 움직여지는지, 그 속에서 나는 어떤 역할을 했는지를 보게 되었다.

　가족치료 과정을 공부하는 동안 한 가지 주제를 정하고 그에 대한 리포트를 작성한 후 발표하는 과제가 있었다. 그때 난 '인간 발달단계와 과제'라는 주제로 리포트를 썼다. 물론 제대로 쓰지도 발표도 못한 엉망인 리포트이긴 했지만, 그 과제를 하면서 처음으로 한 사람이 태어나서 성인이 될 때까지 각 단계 단계마다 발달의 과제가 있다는 것을 알게 되었다. 그런데 그것을 공부하던 난 각 단계마다의 발달과제가 하나도 이루어지지 않았음을 발견할 수 있었고, 그것은 나에게 적지 않은 충격이었다.
"아!, 그렇구나!"
난 머리가 멍해지는 느낌을 받았다.
나의 현실을 보는 것 같았다.
내가 어떻게 자랐는지를 한마디로 말해 주는 것 같았다.

　어느 날인가는 저널 중에, 자라면서 가족들이 함께했던 놀이에 대하여 써보라는 질문이 있었다. 그때 난 생각해 보았지만 아무리 생각해도 생각나는 것이 없어서 그냥 "없다"라고 썼었다. 지금 돌아보니 동생들과 바둑알을 가지고 오목을 두었던 일도 생각나고, 베드민턴을 쳤던 일도 생각이 나는데 그때는 왜 그런 것들이 생각이 나지 않았는지 모르겠다.

　또한 성경적 기초 상담을 공부하는 동안 하나님께서 특별히 두려움을 다루게 하셨다. 어느 날 다림줄 강의가 끝난 후였다. 학생들 한 사람 한 사람을 위해 사역하는 시간이었는데 내 차례가 되었다. 난 앞에 나가 의자에 앉았다. 내 옆에는 나를 도와줄 인자한 중년의 사역자가 조용히 앉아 있었다. 난 무어라고 학생들 앞에서 고백을 했다. 그런데 옆에 앉아 있던 사역자가 내 이야기를 잠잠히 듣고 나더니 갑자기 "자원하는 학생들 몇 명 앞으로 나오고, 이 학생을 향하여 벽을 만들고 둥그렇게 앉으세요" 했다.

학생들이 몇 명 우르르 나오더니 갑자기 나를 에워쌌다. 순간 난 갇힌 것 같은 깊은 두려움이 엄습하는 것을 경험하였다. 이 경험을 통하여 하나님은 내 안의 두려움을 밖으로 끄집어 내셨다.

그리고 그때 우리는 주제를 하나씩 정해 7~8페이지의 리포트를 제출해야 했다. 난 주저 없이 주제를 '두려움'으로 정했다. 성경을 통하여 하나님은 두려움에 대하여 엄청나게 많이 말씀하고 있었다. 특별히 이사야 43장 1절의 "너는 두려워하지 말라 내가 너를 구속하였고 내가 너를 지명하여 불렀나니 너는 내 것이라"는 말씀으로 하나님이 나를 부르셨고, 내가 하나님의 것이니 두려워하지 말라는 하나님의 강력한 음성으로 다가왔다. 그 외에도 성경에 나와 있는 두려움들을 살펴보는 시간을 가지면서 두려움이라는 것이 나만이 갖는 감정이 아니라는 것을 그때 처음으로 알게 되었다. 그리고 오랜 시간이 지나 지금 다시 어려서 경험했던 두려움들을 더 깊이 직면할 수 있었고, 두려웠던 나를 위로해 줄 수 있게 되었다.

부모를 이해하기

난 오랫동안 내 문제는 나 자신에게 국한된 것이라고 생각했다. 그래서 완전히 그런 것은 아니었지만 내가 문제라고 많이 생각했다.

그러나 가정상담과 가족치료를 공부하면서 가족은 하나의 시스템이라는 것을 알게 되었고, 다 그런 것은 아니지만 개인의 문제는 많은 경우 가족의 문제와 연결되어 있음을 보게 되었다. 나에게만 집중되어 있던 시선이 자연스럽게 가족이라는 좀 더 확대된 공간으로 옮겨지게 되었다.

호주 캔버라에서 가정상담과정을 마친 후 몸이 안 좋아 집으로 돌아와 쉬는 시간을 가지게 되었다. 집에 있으면서 엄마와 아버지에게 질문을 하기 시작했다. 나의 삶은 그들과 연결되어 있고, 그들을 알고 이해하는 것은 나를 알아가는 데 있어 매우 중요했다.

엄마와 아버지의 삶이 알고 싶었다. 어떻게 태어나고, 어떻게 자랐고, 어떻게 사셨는지, 그리고 또 그분들의 부모님은 어떤 분들이었는지 많이 궁금했다. 그 질문들을 통하여 가족의 역사와 그 속에 들어 있는 사연들을 듣게 되었다.

또한 거기에는 일제강점기와 6.25라는 시대적인 배경과 유교적이고 샤머니즘적인 문화의 영향도 많이 있었음을 볼 수 있었다. 아주 귀한 시간이었다. 지금도 난 친척들이 집으로 찾아오면 그들이 하는 말들을 주의 깊게 듣는다. 그리고 그들의 이야기를 통하여 알게 되는 가족사는 참으로 내게 소중하다.

《당신의 과거와 화해하라》의 노먼 라이트 박사에 의하면 치유는 우리 자신을 아는 것에서부터 시작해야 하고, 부모의 문제를 이해하는 것은 우리를 자유롭게 해줄 뿐만 아니라 우리 자신의 삶을 사는 데 도움을 준다고 하였다.

무엇보다도 아버지가 어떻게 해서 알코올 중독자가 되었는지가 가장 궁금했다. 하루는 거실에 앉아계신 아버지 옆에 바짝 붙어 앉았다.
"아버지, 언제부터 술 드시기 시작했어?"
"응, 군대 가서. 군대 갔는디 먹을 게 있다니. 배가 고파서 술 찌꺼기 먹기 시작하면서."
"서울에서 학교 다닐 때는?"
"할머니가 쌀 한 말 보내 주면 그거로 먹고 살고, 집에 갈 때는 기차 몰래 타고 가는겨. 돈 안 내고 다녔어."
"아버지, 왜 서울에서 학교 다니다 그만두셨어?"
"응, 고등학교 다닐 때 결혼했는디 색시가 보고 싶어서 공부가 된다니? 그래서 집으로 내려갔지."

아버지는 서울에서 고등학교를 다니신 것을 늘 아주 자랑스럽게 생각하셨다.
"나, 성남고등학교 다녔어. 교장이 김석원이었어. 너 김석원이 아니?"

아버진 종종 그렇게 말씀하셨다.

난 계속해서 할아버지, 할머니에 대해 그리고 아버지의 군대 생활 등에 대해 질문을 계속했다.

아버지께선 나름 성의껏 대답을 하시는가 싶더니 어느 순간

"넌 왜 자꾸 과거를 묻니? 미래를 생각해 미래를"

버럭 소리를 지르셨다. 안 되겠다 싶었다. 더 이상 질문을 할 수가 없었다. 다음 기회를 보기로 하고 일단은 물러섰다. 그러나 아버지와의 그날 대화를 통해 할머니가 집에서 대장이셨고, 할아버지는 조용하고 말이 없으신 분이었다는 것을 알게 되었다. 그리고 할머니와 아버지의 관계가 아주 친밀했었다는 것도 알게 되었다. 또한 다른 식구들은 다 밭이나 논에 나가 일하는데, 아버지는 거머리가 무서워서 논에는 들어가지 않으셨고 밭일도 거의 하지 않으셨음을 알게 되었다.

엄마에게도 똑같은 질문을 했다.

어릴 시절 어떻게 자랐는지, 외할머니 외할아버지는 어떤 분이셨는지, 할머니는 엄마에게 어떻게 대하셨고 할아버지는 엄마를 어떻게 대하셨는지 등등. 밤마다 엄마 옆에 나란히 누워서 물었다 묻는 말에 엄마는 아는 한도 내에서 차분히 대답을 해주셨다. 꼭 옛날이야기를 듣는 것 같았다. 하루 저녁은 내가 아무것도 묻지 않자 엄마는 "왜 오늘은 아무것도 묻지 않니?" 하셨다.

엄마를 통해서 알게 된 것은 외할아버지와 외할머니는 적극적으

로 자녀들에게 사랑을 표현하시지는 않았지만 자녀들을 귀히 여기시고 애착이 많았던 분들이셨다. 가족들 사이에 대화가 그렇게 많지 않은 조용하고 평범한 가정이었다. 외할머니는 성격이 조금 급하시고 외할아버지는 조용하신 분이셨다. 친척들, 6촌까지도 형제같이 지내셨고, 외할머니는 시누이들과의 사이가 좋았다는 것도 알았다. 그래서 그런지 엄마도 고모들과 사이좋게 지내셨다. 그리고 증조 외할아버지께서 일제강점기 독립운동을 하셔서 자녀들이 국가 유공자라는 것도 새롭게 알게 된 사실이다. 엄마도 독립유공자의 후손으로 국가보훈처에 이름이 올라 있다.

엄마는 첫째 딸이다.
그리고 그 시절은 아들이 귀하게 대우를 받던 시대이다.
"엄마, 엄마가 태어났을 때 딸이라고 외할아버지 섭섭하지 않으셨대?"
"난 그런 거 없었어. 외할머니가 애기 못 낳는 줄 알았는데 내가 태어났어. 그래서 아들이든 딸이든 아무 상관이 없었어. 외할머니가 결혼하시고 7년 만에 내가 태어났어. 크면서 외할머니와 외할아버지로부터 아무 소리도 안 들었어. 나 하고 싶은 대로 했어. 먹고 싶으면 먹고, 놀고 싶으면 놀고, 자고 싶으면 잤어."
외할머니와 외할아버지 두 분은 사이가 비교적 좋으셨고 다투시는 모습은 딱 한 번 보셨다고 했다. 그래서 그런지 우리가 자라는 동안 엄마는 우리에게 이렇게 해라 저렇게 해라 등의 말씀이 없으셨다. '일어나라, 공부해라. ~해라. ~하지 마라'는 일체의 말씀이 없으셨다. 우리는 다 우리가 알아서 했다.

　엄마는 또 자라면서 몸이 약하고 한번은 죽을 고비도 넘기셨다고 하셨다. 굿을 하고 살아나셨다고 하셨다. 그때의 후유증으로 엄마는 평생 한쪽 귀가 잘 들리지 않은 채로 사신다고 하셨다.

　외할머니와 외할아버지는 엄마의 이야기에 의하면 두 분 다 위장병으로 돌아가셨다. 너무 일찍 돌아가셔서 난 두 분을 뵌 적이 없다. 그래서 자라면서 가끔씩 그리운 때가 있었다. 다른 사람들은 외할머니 댁에 간다는데 난 외할머니가 없었다. 보고 싶었다. 어떻게 생기셨을지 궁금해서 언젠가 한번 이모할머니께 외할머니가 어떻게 생기셨는지 물어본 적도 있다.

　"이모 할머니, 외할머니는 어떻게 생기셨어요?"

　"응, 엄마랑 꼭 닮았어"

　이모할머니는 엄마가 꼭 외할머니를 닮았다고 하셨다.

　외할아버지께서 돌아가실 때는 가족들이 다 안방에 모여서 조용히 임종을 지켜보았다고 하셨다.

　"엄마, 외할머니 돌아가실 때 엄마 봤어?"

　"그럼, 외할머니가 소변 보고 싶다고 해서 내가 앉혀드렸는데 나에게 스르륵 넘어지시더라. 놀래서 외할머니를 방에 뉘어 놓고 옆집으로 가서 자고 있는 동생들 데리고 왔지. 오는데 애들이 울어서 울지 말라고 달랬어. 그리곤 그 밤중에 무서운 줄도 모르고 여기저기 친척집들 뛰어다니면서 어른신들 모셔왔어 친척들이 다 오니 할머니는 스르륵 눈을 감으셨어."

"엄마, 외할머니 돌아가셨을 때 엄마는 마음이 어떠셨어?"
"어땠어? 어린 동생들만 남겨 두고 외할머니께서 돌아가셨기 때문에 많이 슬펐지."
"엄마, 그럼 외할아버지와 외할머니께서 돌아가셨을 때 할머니 집에서는 누가 문상 왔었어?"
"할아버지만 오셨지."
난 왜 할아버지만 오셨는지 궁금했지만 더 이상 묻지는 않았다.

엄마는 외할머니가 돌아가시기 전 엄마를 보러 오셨다고 하셨다. 돼지 새끼 한 마리를 안고 약 40km를 걸어서 오셨다고 하셨다. 엄마는 "그때 외할머니가 얼마나 힘들었겠니? 할아버지한테 섭섭하더라" 하셨다. 엄마의 말씀에 의하면 할아버지께서 외할머니에게 돼지 새끼 한 마리를 부탁하셨고, 외할머니는 그 먼 길에서 돼지새끼를 안고 오셨다는 것이다.
"왜 안고 오셨대. 묶어서 끌고 오면 되지."
"돼지 새끼를 어떻게 끌고 오니."
"하루는 할머니께서 애기인 큰 오빠에게 사탕을 한 봉지 사주시고는 엄마보고 친정에 다녀오라고 하시드라. 외할머니께 드릴 건 아무것도 안 주시고. 막상 외할머니 댁에 도착해서 들어가려니 차마 빈손으로 들어갈 수 없어서 대문 앞에서 몇 번이나 발을 넣었다 뺐다를 하다 어떻게 들어갔어."
엄마의 그 이야기를 듣는데 엄마의 모습이 그려지면서 그 마음이 오죽 했을까 싶었다. 엄마가 짠하게 여겨졌다.

엄마는 방년 스무 살에 시집을 가서 9년 동안 10식구 대가족의 살림을 살았다고 하셨다. 그런데 그동안 엄마는 그 큰살림을 사신 것에 대해 한 번도 말씀하지 않으셨다. 공치사도 할 만한데. 나도 엄마에게 질문하지 않았다면 몰랐을 엄마의 삶이었다.

"엄마, 왜 분가를 안 하셨어?"

안쓰러운 표정으로 묻자

"안 시켜 주더구나. 니 아버지가 살림을 할 줄 모르니. 니 아버지가 건달이었잖니 그때."

"그럼, 엄마가 집안 일 다했어?"

"그럼, 그것만 했나. 저녁에는 길쌈도 매고 낮에는 밭에 나가 일도 했지. 그때 길쌈해서 막내 고모 시집갈 때 농쑥(예단)도 해줬어. 할머니도 옷 해드리면 맘에 꼭 들어하셨어."

난 엄마의 그 엄청난 양의 일과 그 부지런함에 입이 딱 벌어졌다. 그리고 어떻게 그렇게 순응적이고 순종적이셨을까 새삼 엄마가 존경스러웠다. 그리고 엄마가 솜씨가 좋은 건 알고 있었지만 시댁 식구들과 아버지 옷을 만들어 입히셨다는 것은 새롭게 안 사실이었다.

"엄마, 시집 올 때 외할머니가 뭐라고 하셨어?"

"뭐라고 혀. 가서 잘하고, 잘 살라고 했지. 할머니는 의심이 많았어. 맨날 쌀이 없어졌네, 줄어들었네 하셨지. 그래서 광에 들어가 많이 울었어."

"또 겨울에 찬물에 빨래할라면 손이 얼마나 신린지 아니? 샘에가서 나 빨래하면서 손 시려서 많이 울었다. 그런디 큰 아버지는 꼭 빨래 갔다 오면 옷 벗어 놓았어."

"그 집은 싸움판이었어. 시집 갔는디 무섭드라. 맨날 할머니하고 할아버지 하고 싸우고, 할머니하고 큰 아버지하고 싸우셨어."

"엄마, 할아버지는 엄마 많이 이뻐해 주셨어?"
"그럼, 겨울이면 아침에 일찍 일어나셔서 가마솥에 따뜻한 물을 한솥 데워 놓으시고, 저녁이 되면 아궁이에 군불을 지펴 주셔서 방이 뜨끈뜨끈 했지."

할아버지 할머니는 첫 손주인 큰 오빠를 많이 예뻐하셨고, 아버지는 큰 오빠가 태어났을 때가 가장 기뻤다고 하셨다.

"엄마, 내가 태어났을 때는 어땠어?"

나에 대한 엄마의 마음을 알고 싶었다.

그러자 의외의 대답이 들려왔다. 솔직히 약간 놀랐다.

"난 딸이라서 좋았다. 아들 둘에 딸이 태어나서 좋았지. 큰 오빠는 큰 아들이라 기뻤고 둘째 오빠 때는 이미 아들이 하나 있으니 그냥 덤덤했어."

그 말을 듣는데 내 마음 저 깊은 곳에서부터 기쁨이 올라왔다. 마음이 따뜻해지는 것을 느낄 수 있었다. 생전 처음 들어보는 말이었다.

'그랬구나! 엄마가 나를 기뻐하셨구나! 딸이라고!'

갑자기 엄마는 그 시절의 다른 엄마들과는 달랐다는 것을 알게 되었다. 감사했다. 그동안 살면서는 엄마가 나를 뭐 그렇게 기뻐하시는 것 같지도 않고 많이 예뻐하시는 것 같지도 않았는데 엄마의 진짜 마음은 그렇지 않다는 것을 그제야 알게 되었다.

"엄마, 그런데 아버진 내가 태어났을 때 그래도 조금은 섭섭했었다고 했어. 남자아이가 아니라서."

"지랄하구 있네. 능력도 없는 것이. 딸이면 어떻고 아들이면 어떤디."

아버지에 대한 엄마의 평소 생각이 고스란히 묻어 나왔다.

엄마와 아버지에게 질문을 통하여 알게 된 세대를 이어 내려오는 공통점은, 여자들이 강하고 맏이가 동생들을 가르친 것을 볼 수 있었다. 큰 아버지는 아버지를 가르치셨고, 큰 외삼촌은 이모를 가르치셨다. 우리 집도 큰 오빠가 동생들을 가르쳤다. 할머니와 큰 아버지께서 집안을 일으키신 것처럼 우리 집도 엄마와 큰오빠가 집안을 일으켰다. 그리고 엄마는 친정 부모에게나 시부모에게나 좋은 딸이요 좋은 며느리였음을 알 수 있었고 화목케 하는 사람이었다는 것을 알 수 있었다. 그리고 아버지도 할머니에게는 효자였음을 알 수 있었다.

한번은 내가 호주 캔버라 YWAM에서 가정상담을 공부하고 있을 때이다. 오래 전이라 강의 내용은 잘 기억이 나지 않는다. 그날은 따뜻한 햇볕이 창가로 환하게 들어오는 겨울의 어느 날 오후였다. 캐나다인 강사 부부가 자신들의 가족사를 이야기하면서 무슨 강의인가를 하고 있었다. 그런데 이상한 일이 일어났다. 어느 순간 강의가 하나도 내 귀에 들어오지 않더니

'아! 그래서 아버지가 알코올 중독자가 되었구나!'

갑자기 깨달음이 오면서 아버지가 온전히 이해가 되고 마음으로부터 받아들여지는 일이 일어났다. 예상치 못하고 생각지 못한, 그동안 그렇게 되지 않던 일이 순간적으로 일어났다. 놀라웠다. 아버지와 나 사이에 오랫동안 가로막혀 있던 단단한 장벽이 무너져 내리고 드리워졌던 커튼이 걷히는 것 같았다. 이것은 나중에 내가 아버지를 사랑하고 섬기는 데 있어서 아주 중요한 계기가 되었다.

용서 구하기와 용서하기

캐나다에서의 첫 겨울을 맞고 있었다.

내가 있었던 곳에서는 겨울에 비가 많이 내렸다. 우산을 쓰기에도 그렇고 안 쓰기에도 그런 이슬비가 부슬 부슬 내리는 것 같은 날씨였다. 그래서 그곳에서는 방수되는 잠바가 필수였다. 연중 내내 햇빛이 풍부한 곳에서 살았던 나에게는 적응하기 조금은 힘든 날씨였다. 햇빛을 많이 볼 수 없으니 햇빛이 그리워서 온 몸이 아우성이었다. 어쩌다 햇빛이 쨍~하게 비치면 난 그 햇빛을 몸에 담으려고 온종일 창가에 앉아 있곤 했다. 그렇게 그곳의 날씨에 적응하고 있었다.

어느 주일날이었다. 그날도 오전 예배를 드리기 위해 부지런히 교회를 갔다. 그때 난 그곳에서 제일 크고 아름다운 캐나다 교회를 다니고 있었다. 예배가 끝나고 여느 때처럼 집으로 돌아오려고 하는데 갑자기 기도가 하고 싶은 마음이 들었다. 그 교회의 한 성도에게 "혹시 교회에 기도실이 있나요?"라고 묻자 그분은 친절하게 지하 일층에 내려가면 있다고 했다. 내려가 보니 기도실이라고 쓰여 있는 방이 하나 있어 들어갔다.

조그만 방에 작은 테이블이 하나 있고 의자가 2~3개 놓여 있었다. 의자에 앉아 기도하는데 갑자기 눈물 콧물이 나면서 회개를 하기 시작했다. 무슨 회개를 그렇게 했는지는 기억나지 않는다. 기도하기를 다 마치고 겨울의 차가운 햇빛을 받으며 걸어서 집으로 돌아오고 있었다. 그런데 오는 도중 '내가 죄인 중에 괴수로구나!' 하는 깨달음이 들면서 아버지에게 전화를 하고 싶다는 생각이 들었다. 아마도 아버지에 대한 마음의 짐이 있었던 것 같다.

집으로 돌아오자마자 한국의 집으로 전화를 걸었다.
마침 아버지께서 받으셨다. 간단한 안부를 묻고는
"아버지, 제가 잘못했어요. 용서해 주세요."
"니가 뭘 잘못했니?"
"모든 것 다 잘못했어요. 제발 용서한다고 말 좀 해주세요. 네? 한마디만 해주세요"
난 아버지에게 애원하듯 말했다.
"아직 철이 안 들었어."
아버지는 내가 하는 말의 의미를 잘 모르시는 것 같았다.
그러나 난 아버지에게 그렇게 용서를 구하면서 아버지께 대한 죄책감으로부터 벗어나고 있었다.

하루는 누가복음 15장의 돌아온 탕자를 묵상하고 있는데, 내가 바로 아버지께 용서를 구해야 할 돌아온 탕자라는 것을 깨닫게 되었다. 아버지에게 편지를 쓰고 싶다는 마음이 들었다. 즉시로 그동안의 나의 허물과 잘못에 대하여 구구절절이 아버지께 용서를 구하는 편지를 써서 아버지에게 보냈다. 물론 답장은 오지 않았다.

하와이에서 집에 왔을 때이다.
어느 날이었다. 나는 저녁을 준비하고 있었고 아버지는 거실에 앉아계셨다. 쌀을 씻고 있는데 갑자기 오래전 일이 떠올랐다. 언젠가 다리가 아프다고 하시는 아버지를 모시고 큰 올케와 함께 한 대학병원에 모시고 갔을 때이다.
진료를 보던 의사는 아버지의 다리를 만져보면서 별 이상이 없는 것 같다고 했다. 진료실에 같이 있었던 난 의사에게 "아버지가 술을 많이 드세요" 했다. 거기선 그런 말을 할 필요가 없는데, 그때 내 생각에는 아마도 아버지의 술 때문에 그럴 거라고 생각을 했다.
진료를 마치고 병원을 나온 우리는 한 중국집에 들어가 아버지께서 좋아하시는 짜장면을 먹었다. 아버지는 짜장면을 아주 좋아하셨다. 그런데 그 일이 갑자기 생각이 나면서 아버지께서 그때 내 말로 인해서 수치감을 느끼셨을 것 같다는 생각이 들었다. 생각이 여기에 미치자 하던 일을 멈추고 아버지 앞으로 가 무릎을 꿇었다.
"아버지, 오래 전에 아버지 다리 아퍼서 큰 올케랑 대림성심병원에 갔을 때 내가 의사에게 아버지 술 많이 드신다고 했던 거 기억나?"

"그럼, 기억나지."

난 깜짝 놀랐다. 오래전 일인데 아버지는 그때 그 상황을 또렷하게 기억하고 계셨다.

"아버지, 잘못했어요."

"그러면 안 되지."

조용한 침묵이 아버지와 나 사이에 잠시 흘렀고 난 다시 돌아가 저녁밥을 지었다.

내가 아주 어릴 적 우리가 시골에서 정미소를 하고 있을 때였다. 그곳에는 방이 두 개가 있었는데 하나의 방에는 방문이 앞뒤로 있었다. 어느 날 난 밖에서 놀다 집으로 돌아가고 있었다. 그런데 엄마가 뒷문을 열고 앉아 계시다가 돌아오는 나를 보시고는 뭐라고 욕을 하시는 것 같았다. 뭐라고 하셨는지는 모르겠는데 그 얼굴 표정이 나를 아주 경멸하는 표정이었다.

난 집으로 들어가지 못하고 그 자리에 그대로 서서 움직일 수가 없었다. 마치 전기에 감전된 아이처럼, 얼음이 된 아이처럼, 그렇게 그 자리에 서 있었다. 나를 쳐다보며 말하는 엄마의 표정이 무서웠다. 뭔가 내가 엄청난 잘못을 한 것 같았다. 뭐 때문에 그때 엄마가 내게 그랬는지는 알 수 없다. 기억도 나지 않는다. 단지 나를 바라보시던 엄마의 표정만이 분명하게 남아 있을 뿐이다.

난 그때로 돌아가 나를 느껴 보았다. 두려움과 수치감에 휩싸여

있었던 나를 보게 되자

'어떻게 그 어린아이를 그렇게 대할 수가 있을까!'

눈물이 났다. 마음의 통증을 느끼며 엄마를 용서했다.

난 오랫동안 엄마를 용서해야 한다는 생각을 해보지 못했다. 아버지는 여러 번 용서했다. 그러나 엄마에게는 늘 내가 잘못했다고 용서를 구했다.

엄마는 우리 집에 영웅이다. 지독한 가난과 남편의 학대 속에서 자녀들과 함께 살아온 자체가 기적이다. 나 같으면 도저히 살 수 없는 상황이다. 그런 엄마를 용서할 것이 무엇이 있겠는가? 말도 안 되는 일이다. 상상도 해본 적이 없다.

그러나 이 글을 쓰면서 내가 살기 위해서 난 그동안 우리 가족들과 엄마를 이상화했다는 것을 알 수 있었다. 그리고 엄마로부터 받은 감정적 상처들을 직면하기 시작했다. 아버지는 아예 집에 계시지 않거나 있어도 자녀들과 아무런 상호작용을 하지 않으시니 아버지에 대한 기대감 자체가 없었고 욕을 들어보거나 매를 맞아본 경험이 없다. 그러나 엄마는 달랐다. 모든 필요를 엄마에게 요구하고 의지했다. 지금 돌아보니 엄마의 그 삶의 무게감이 얼마나 무거웠을지 알 것 같다.

하루는 엄마랑 이야기를 하던 중

"엄마, 우리 어려서 많이 어려울 때 지금같이 이렇게 좋은 날이 오리라고 생각해 보셨어?"

"못했지."

"그럼, 그때 무슨 생각하셨어?"

"죽는 생각했지."

오죽 했으면 자살하려고 했을지 이해가 될 것 같다.

"엄마, 어떻게 우리들 다 키웠어?"

"내가 키웠니? 니들이 알아서 컸지."

"그래도 밥두 먹여야 하고, 학교 등록금도 주어야 하고, 학용품도 사주어야 했을 텐데..."

"그래서 니들 맨날 등록금 못 내서 교무실에 불려갔었다고 하지 않았니?"

그렇지만 엄마의 삶을 이해하는 것과 내가 엄마로부터 받은 마음의 상처는 별개였다. 난 처음으로 그동안 직면하지 않았던 어린 시절 엄마로부터 받은 상처들을 인정하면서 엄마를 용서하는 시간을 가졌다.

엄마는 항상 바쁘셨다. 집에 있는 시간에는 밀린 집안 일을 하시고 또 부리나케 장사하러 나가셨다. 어쩌다 엄마가 우리를 주목하여 보시는 때는 우리가 뭔가 잘못했을 때이다. 평소에 말씀이 별로 없으셨던 엄마는 그때는 얼굴 표정도 바뀌시고 말에는 감정이 실려서 나에게 전달되었다. 그러면 그것이 독이 든 화살이 되어서 내 마음판에 박혔고 내 마음을 깨고 난 찌그러졌다. 나의 자존감이 산산조각 나는 순간이었다. 평소에 받은 사랑이 없으니 그런 작은 상처에도 난 우울하고, 상처가 해결되지 않은 채 마음속 깊이 묻어 두었었다는 것을 이제야 깨닫게 되었다.

'그동안 다루어진 것들은 빙산의 일각이었구나!'
'정말로 다룸이 필요한 부분은 어린 시절의 경험이구나!'
'어떻게 그러셨을까! 그 어린아이에게!'

많이 울었다. 생각만 해도 눈물이 났다. 내게 눈물이 그렇게 많은 줄 몰랐다. 왜 그동안 울지 못했는지 모르겠다. 엄마를 향해 화나는 마음의 뿌리가 무엇인지 이제야 알게 되었다.

《아버지와 딸》의 노먼 라이트에 의하면 우리가 용서하기를 원한다면 우리는 기억해야 한다고 한다. 잊어버리는 것이 아니라 기억하는 것이 용서의 열쇠라고 한다.

데이빗 스툽과 제임스 매스텔러는 《부모를 용서하기 나를 용서하기》에서 "역기능 가정들에서 성장한 외상들은 그대로 지니고 살기 어려운 것이다. 그러나 용서할 수 있으려면, 우리는 먼저 가능한 한 많은 고통을 받아들이고 인정할 필요가 있다. 그 상처를 놓아 보내려면"(p349)이라고 말하고 있다.

그들의 말처럼 우리가 자라면서 받은 상처들을 그대로 지니고 산다는 것은 힘들고 고통스러운 일이다. 우리는 자신도 모르게 그 고통을 잊으려 여러 가지 노력을 하게 된다. 잊어 버리려고 하거나, 무시하거나, 또는 그것을 피해서 다른 어떤 것으로 도피하거나, 다양한 모습으로 나타나게 되어 있다. 그 상처와 고통이 치유되고 회복되기 전까지는.

나도 그랬다. 난 주로 쉽게 피곤하고 지쳤다. 그러나 해결되지 않은 상처와 그로 인한 고통이 내 안에 있음을 인정하고 수용하니 내가 그때에 느꼈던 감정을 읽을 수 있었고, 그러자 내면의 아이는 위로를 받고 엄마는 용서를 할 수 있었다. 생각지도 못한 일들, 그런 일이 있었나 싶을 정도로 나도 모르고 있던 일들을 기억나게 하시고, 엄마를 향하여 묶여 있던 감정을 풀 수 있음에 감사한다. 용서 할 수 있고 용서를 구할 수 있다는 것이 얼마나 축복인지 모르겠다. 거기엔 나를 향한 하나님 아버지의 깊은 사랑이 있음을 깨닫게 된다.

애도하기

노먼 라이트 박사는 그의 저서 《당신의 과거와 화해하라》에서 우리가 겪는 대부분의 고통은 과거의 기억에서 나올 수 있으며, 그 기억은 불안이나 두려움, 외로움 등과 같은 감정으로 나타난다고 말하고 있다. 즉 우리의 감정은 과거의 기억과 연결되어 있다는 말이다. 그러므로 고통으로부터 치유되고 회복되려면 우리는 우리의 기억을 부인하지 말고 인정하고 그것을 받아 주어야 한다.

이 책을 쓰는 동안, 그동안 잊고 살았던 그리고 기억하고 싶지 않았던 기억들까지 하나하나 어제 일처럼 생생하게 떠오르고 생각이 났다. 그리고 어디서 그런 힘이 생겼는지, 난 기억들이 하나하나 생각나고 떠오를 때마다 그 기억을 누르거나 회피하지 않고 그대로 직면할 수 있었다. 그리고 그때 어떤 감정을 느꼈는지 그 감정 속으로 들어가 느껴 보고 그 감정을 나 스스로 받아 주었다. 그러자 마음 깊은 곳에서 고통이 느껴졌다. 그 고통과 씨름을 하였다. 그 고통 속에는 울어야 할 때 울지 못하고, 슬퍼해야 할 때 슬퍼하지 못하고, 두려울 때 보호 받지 못하고, 거절 받았을 때 위로 받지 못한 한 작은 어린아이가 있었다. 난 이 어린아이를 위하여 많이 울어 주었다. 그리고 이해해 주었다.

"그랬구나!"

스스로 공감해 주었다. 그러자 큰 위로가 찾아오면서 마음이 많이 가벼워지는 것을 경험하였다. 마치 풀 수 없고 해결할 수 없어서 쌓아두었던 숙제를 한 것 같기도 하고, 갚아야 할 빚을 청산한 것처럼 상쾌함이 울음 뒤에 찾아오는 것을 경험하였다.

오랫동안 난 아무런 문제가 없는 사람처럼 포장하고 살았다. 가면을 쓰고 살았다. 다른 한편으로는 마음의 고통을 인정하고 싶지 않아서 두껍고 단단한 벽을 높이 세우고 그 뒤에 나의 마음을 숨겨 두고 살았다. 다른 사람이 가까이 다가오지 못하게 했다. 나를 보호하기 위한 하나의 방어 수단이었다. 그러나 그 벽은 다른 사람들과의 친밀한 관계를 가질 수 없게 만들었고, 그 결과 난 깊은 외로움을 느껴야 했다.

영적으로는 성장하는 것 같은데 마음은 여전히 허전하고 공허했다. 또한 그 마음의 고통은 숨긴다고 해도 숨길 수가 없었다. 나는 웃으면서 아무런 문제가 없는 것처럼 보이려 했지만 다른 사람들에겐 내 고통이 보였다.

한 번은 하와이 코나 열방대학 상담학교에서 스태프로서 일하고 있을 때이다. 하루는 함께 일하는 리더가 내 곁에 앉아 있었다. 우린 서로 편안하게 이야기를 하고 있었다. 이야기 끝에 그 리더는 내 눈을 보면서

"연수야, 위축되지 마"

조용히 나에게 말해주었다. 난 가끔 내가 위축되고 찌그러지는 것을 느끼고 알고는 있었지만 그것을 인정하고 싶지는 않았다. 그리고 다른 사람들은 그것을 모를 거라고 생각했다. 그런데 그날 내 리더가 정확히 그 부분을 지목해 말해 주는 게 아닌가! 속으론 약간 놀랐지만 난 놀라지 않은 척 태연하게 앉아있었다. 그러나 마치 나 혼자만 아는 어떤 비밀이 다른 사람에 의해 들통난 기분이 들면서 약간은 부끄럽기도 했다. 그러나 다른 한편으로는 오히려 드러나니 속이 시원해지는 느낌이었다.

저명한 가정사역자인 데이빗 스툽과 제임스 매스텔러는 《부모를 용서하기 나를 용서하기》에서 다음과 같이 말하고 있다.

"역기능 가정의 성인아이는 종종 비애의 단계를 거친다. 분노, 부인, 절망 등이다. 되고 싶었지만 되지 못했던 모습, 어린 시절에 얻지 못한 것들, 부모가 채워 주지 못한 것들에 대해 우리는 애통해한다. 어쩌면 우리는 자신의 가치에 대해 기만당하고 박탈당했다고 느꼈는지도 모른다. 그러나 자신이 이러한 감정을 느끼도록 허락하고, 그 속을 헤쳐서 길을 만들어, 그러한 감정을 통과해 지나가는 것이 중요하다. 슬퍼하는 것은 치료의 효과가 있다. 애통은 치유이

다"(p 238).

또한 노먼 라이트 박사도 모든 상실에는 애도의 과정이 필요하고, 이것은 회복으로 가는 길이며, 애도는 우리의 삶을 앞으로 나아가게 한다고 그의 저서 《아버지와 딸》에서 말하고 있다.

나는 이 책을 쓰면서 많이 울었다.
특별히 어려서 채움 받지 못한 것들과 박탈 당한 나의 가치와 삶에 대해서. 이제야 치유와 회복에서 애도의 과정이 얼마나 중요한지 알게 되었다. 그리고 그동안 내가 왜 앞으로 계속 나아가지 못하고, 나아가는 것 같다가는 다시 후퇴하고 그리고는 다시 원점이고, 다람쥐 쳇바퀴 돌듯이 했는지를 알게 되었다. 너무 감사하다. 그리고 애도가 가져오는 위로와 자유를 많이 경험할 수 있어 너무 감사하고 그야말로 복된 시간이었다.
성경의 "애통하는 자는 복이 있나니"가 무슨 뜻인지 이해가 충분히 되는 경험을 한 것 같다. 그리고 그동안 이렇게 깊은 애도의 과정을 가지지 못한 것은 내가 기억을 억누르고 있었기 때문이라는 것도 이제야 알게 되었다. 기억을 부인하거나 억누르고 있으니 고통을 감정으로 느끼지 못하고 감정을 느끼지 못하니 애도를 할 수 없었던 나를 보게 되었다.

이제 아버지는 더 이상 내 곁에 계시지 않는다.
아버지와 오랜 시간 함께하면서 사랑도 받고 아버지와 많은 추억도 쌓았다.

그러나 아버지가 살아 계시다면

"미안하다. 내가 널 지켜 주지 못하고, 돌보아 주지 못하고, 보호해 주지 못해서."

아버지의 말씀을 한 번만이라도 듣고 싶다.

이것이 내가 아버지로부터 듣고 싶었던 말이었다는 것을 알게 되니 마음이 울컥 하면서 자꾸 눈물이 났다. 나를 지켜 주지 못하고, 보호해 주지 못하고, 돌봐 주지 못한 아버지를 눈물로 용서했다. 그리고 아버지를 마음에서부터 놓아 드렸다.

또한 내가 엄마로부터 그렇게 많은 상처를 받은 줄 몰랐다. 특별히 거절감이다. 늘 엄마의 사랑과 손길, 그리고 따뜻한 말을 기대하던 내게 돌아오는 건 언제나 정반대였다. 물론 엄마가 안 계셨더라면 우리는 아마도 다 고아가 되었을지도 모른다. 엄마의 가슴에는 커다란 훈장이 하나 달려 있다. 그 힘든 세월을 자식들과 꿋꿋하게 살아오신 훈장이다. 그런 엄마에게 할 말이 없다. 거기에 대고 누가 무슨 말을 할 수 있을까! 그러나 이것이 나에게는 엄마를 용서하는 큰 장애물이었다는 것을 알게 되었다. 내 필요는 무시하고 언제나 엄마를 먼저 이해하려고 노력했다.

어느 날이었다. 엄마하고 무슨 이야기를 하던 중이었다.

"엄마, 나도 엄마에게 할 만큼 했어. 엄마는 맨날 큰 오빠만 위하고 큰 오빠만 희생했다고 하시는데 나도 희생 많이 하면서 자랐어. 세상에 그 어린 것이 동생들 돌보고, 밥해먹고 학교 다니고. 아버지 돌보는 일도 엄마가 할 일인데 내가 했구. 그런데 그런 나에게 왜 어릴 때 육시랄년이라고 했어?"

한 번쯤은 얘기를 해야겠다고 생각하고 있었던 말이다.

'미안하다.'

'고생했다.'

엄마로부터 듣고 싶은 말이다. 한마디만 한다면 내 마음이 위로를 받고 보상을 받을 것 같았다. 이 말이 듣고 싶었다고 생각을 또 눈물이 났다.

깊은 탄식이 내 안에서 흘러나왔다. 그러나 엄마로부터 미안하다는 말은 나오지 않았고, 나는 이때가 어린 내 마음에 상처를 준 엄마를 용서할 때라는 것을 알 수 있었다. 그리고 용서와 애도를 통해 엄마를 붙잡고 있는 마음을 놓을 때라는 것도. 요구하는 마음을 내려놓고 하나님 아버지께 내 마음을 드려야 한다는 것을, 그리고 그분이 만져 주시고 위로해 주시도록 기회를 드려야 한다는 것을.

"내가 그랬니? 니 아버지를 원망해. 왜 나한테 그러니? 내가 어떻게 살았는디 그러니? 난 울고 다녔다. 저녁에 이모네 집에서 자려면 배가 고파서 밤에 잠을 못 잤다."

엄마는 화산이 폭발하는 것 같았다. 엄마의 레파토리다. 다음날까지도 엄마는 건드려진 감정이 가라앉지 않고, 얼굴은 마음의 고통과 번뇌로 하얗게 질려 있었고, 여전히 부아가 나 있었다. 그런 엄마를 보면서 '저러다 큰일 나겠다'는 생각이 들었다.

그때 난 알았다. 엄마와는 절대 직면을 해서는 안 된다는 것을. 그리고 직면을 하게 되면 관계만 나빠진다는 것을. 엄마는 오로지 자기 자신에게만 초점이 맞추어져 있었다. 그런 엄마에게 "미안하다"라고 말하라고 윽박지를 수도 없는 일이었다. 엄마를 일단 위로하고 진정을 시켜 줘야 했다.

"엄마, 내가 잘못했어. 다시는 안 그럴게."

엄마는 내 그 한마디의 말에 마음이 풀어지셨는지 언제 그랬느냐는 듯 다시 어린아이처럼 콧노래를 부르기 시작하셨다. 엄마의 태산과도 같은 높은 삶의 고통과 상처와 아픔 앞에서 내가 당한 희생은 한 방울의 빗방울 같았다. 적어도 엄마가 보시기에는. 그리고 오로지 어린 나이에 학교도 못 다니고 서울로 돈 벌러 간 큰오빠만이 엄마에게는 가슴 아픈 아들이었다.

얼마 전 엄마를 모시고 병원에 가고 있었다.

걸음이 빠른 난 엄마를 앞서서 걸으면서 자꾸 뒤를 돌아보았다. 엄마가 어디쯤 오시고 있는지. 그리곤 엄마가 좀 뒤쳐졌다 싶으면 멈추어 서서 엄마를 기다렸다 가까워지면 다시 걸었다. 어려서는 엄마가 앞서서 걸으면 난 엄마를 뒤따라 걸었다. 그때 엄마는 뒤도 돌아보지 않으시고 앞만 보면서 걸으셨다.

세월이 흘러 이젠 내가 앞서서 걷고 엄마는 뒤따라오시는 모습을 보면서 '엄마의 손을 잡고 다정히 걸으면 얼마나 좋을까...' 하는 생각이 들었다. 그 모습이 꼭 나와 엄마의 감정의 거리를 보는 것 같아 마음이 아려왔다. 손 한 번 잡는 것이 그렇게 어려운 건지, 나 자신에 대해 속상하기도 하고 안타깝기도 했다.

어느 날 엄마를 모시고 또 병원을 가고 있었다. 신호등 앞에서 엄마의 팔을 붙들고 걸었다. 잡는 순간 난 멈칫했다. 생각보다 엄마의 팔에 힘이 없었기 때문이다.
'엄마가 이렇게 되었구나!
힘이 많이 빠지셨구나! 모르고 있었구나!'
항상 엄마는 강하다고 생각하고 있었는데 흐르는 세월 앞에 엄마는 작아지고 약해지고 있었다.
평생을 자식들을 위해 자신을 다 내어 주시고 이제는 껍데기만 남은 엄마를 보면서 눈물이 났다.
'부모란 이런 거구나!'
가슴이 찡~했다. 처음으로 느껴본 부모의 마음이었다.
엄마에 대한 고마움, 미안함, 아쉬움 그리고 안타까움 등이 한꺼번에 몰려오면서 뜨거운 눈물이 자꾸만 흘러내려 목이 메었다.
엄마와의 추억이 별로 없다. 그래서 남은 시간은 엄마랑 추억을 만들기로 마음먹었다. 언제부터인가 어디 가서 맛있는 것을 먹으면 엄마 생각이 났다. 엄마랑 같이 오면 좋겠다는 생각이 들었다.
지난 해 엄마의 생신날이었다. 난생 처음으로 엄마의 생일상을 혼자서 차려 드렸다. 내가 할 수 있는 것들로 몇 가지 반찬을 하고 미역국을 끓여서 따뜻한 밥과 함께 식탁을 준비했다. 처음으로 받아 보는 딸의 밥상에 엄마는 많이 고마워하셨다.

"딸 노릇 한 번 했구나. 고맙다. 잘 먹었다."
반복해서 말씀하셨다.

한 번은 엄마를 모시고 예술의 전당으로 '친정엄마와 2박 3일'이라는 연극을 보러 갔다. 중년의 여인들이 많이 와 있었다. 늙으신 친정 엄마를 모시고 온 사람도 있었고, 젊은 엄마와 딸이 함께 보러 온 사람들도 있었다. 많은 사람들이 그 큰 강당을 가득 메웠다. 연극이 진행되는 동안 여기저기서 훌쩍이는 소리가 났다.

아마도 친정엄마에 대한 그리움과 생각으로 다들 훌쩍이는 것 같았다. 나도 주인공인 강부자가 암으로 죽어가는 딸을 향한 애절한 모정을 어찌할 줄 모르는 것을 보면서
'엄마도 나를 저렇게 키우셨겠구나!'

가슴에 찡한 울림이 왔다. 엄마도 좋아하셨다. 연극이 끝난 후 우린 함께 사진을 찍고 근처 신세계 백화점으로 가서 맛있는 늦은 점심을 먹었다. 엄마를 모시고 한 번 가보고 싶었던 식당이었다.

식사를 하면서 "엄마 맛 있어?" 물어 보았다. 엄마는 "응" 하시며 맛있게 드셨다. 식사를 마친 후 우린 커피숍으로 이동해 엄마가 좋아하시는 커피도 마셨다. 엄마는 밥도 커피도 다 맛있었다고 하셨다. 엄마와 난 그날 즐거운 시간을 함께 보내며 가슴 따뜻한 추억 하나를 마음에 담았다.

4장
아버지에게 돌아가기

있는 모습 그대로 받아들이기

하와이 코나에 있을 때였다.

어느 날 가족들로부터 연락을 받았다.

아버지가 쓰러지셔서 위험하니 집으로 돌아오라는 소식이었다. 난 너무 놀랐다. 마음 같아선 바로 가고 싶은데 기도를 했다. 조용히 앉아서 기도할 수 없어서 캠퍼스를 돌면서 간절히 기도를 했다. 아버지를 회복시켜 달라고. 하루는 기도를 하는데 마음에 깊은 평안이 오면서 아버지가 괜찮을 것 같은 마음이 들었다.

그 후 난 3개월이 지나 집으로 돌아왔다. 물론 계속해서 중간 중간 가족들과 연락은 취하고 있었다. 아버지는 많이 회복되고 좋아진 상태로 계속 병원에 누워 계셨다. 식사 시간 이외에는 손과 발이 침대에 묶여 있었다. 병원에선 더 이상 해줄 것이 없으니 퇴원하라고 했다. 그렇게 해서 어린아이가 되어 덩그러니 누워 계신 아버지에게로 난 돌아오게 되었고, 그 후 오랜 시간 아버지와 시간을 함께 보내게 되었다.

그때는 내가 아버지 곁에 그렇게 오래 있을 줄 몰랐다.

아버지는 알콜성 치매와 심장 질환으로 15년이나 투병하시다 돌아가셨다. 거의 누워서 지내셨다. 소변과 대변을 다 받아냈다. 어떤 때는 비위가 약해서 구역질도 났다. 지금 돌아보니 긴 시간인데 꼭 엊그제 일 같기도 하다. 인생이 그런 것처럼. 아버지가 쓰러지시자 막냇동생이 인공호흡으로 응급처치를 한 덕분에 사실 수 있었다고 했다. 그리고 큰 오빠가 병원 이곳저곳을 돌아다니며 아버지 입원시킬 병원을 찾았다고 했다.

성경 누가복음 15장에 보면 한 아버지와 두 아들이 나온다.

그중에 둘째 아들은 아버지의 유산을 미리 받아서 먼 외국으로 간다. 그곳에서 그 아들은 가지고 있던 돈으로 허랑방탕하게 살다가 돈을 다 잃어버리고 마지막엔 돼지우리에 가서 일을 하게 된다. 그러나 그곳에서조차 먹을 것이 없어 죽을 것 같은 상황에 이르자 비로소 떠나온 아버지의 집을 생각하게 된다. 그는 마침내 용기를 내어 거지가 되어 아버지에게 다시 돌아오게 된다.

성경은 "아직도 상거가 먼데 아버지가 저를 보고 측은히 여겨 달려가 목을 안고 입을 맞추니"라고 쓰여 있다. 거지가 되어 집으로 돌아오는 아들을 아버지가 저 멀리서 먼저 알아보고 측은히 여겨 아들에게 달려가는 아버지의 사랑이다. 이것이 우리를 향한 하나님 아버지의 사랑이라 한다. 우리를 측은히 여기시는 하나님 아버지의 사랑. 실패하고 좌절하고 다 잃어버린 우리를 측은히 여기시는 아버지의 사랑이다. 이 사랑 안에서 우리는 용서와 용납을 받고, 이 사랑이 우리를 일으키고 회복시킨다.

　내가 만난 하나님 아버지도 이 하나님 아버지이시다. 그리고 나도 아버지를 내가 받은 그 사랑으로 아버지를 있는 모습 그대로 받아들이고 섬겨드렸다. 나를 측은히 여기셨던 하나님 아버지가 아버지를 측은히 여기는 마음을 주신 것이다. 이것이 내가 오랫동안 병들고, 외롭고, 가난한 아버지를 돌볼 수 있었던 힘이고 사랑이다.

　환자를 돌보는 것은 생각처럼, 말처럼 쉬운 일이 아니었다.
　육체적으로 정서적으로 많이 힘든 일이었다. 늘 도움을 필요로 하는 환자가 집안에 있다는 것 자체가 마음에 엄청난 부담이며 짐이었다. 어디 가도 마음이 편하지 않았다. 늘 아버지가 마음에 있었다.
　아버진 종종 밤에 잠을 주무시지 않았다.
　그 시달림은 참으로 힘들었다. 견디다 못한 난 아버지 담당 의사를 만나 상황을 설명하고 약을 처방 받았다. 아주 소량의 수면제를 처방받았다.
　어느 날이었다. 그날도 아버지는 밤에 주무시지 않더니 그 다음 날도 온종일 주무시지 않았다.
　오후 6시쯤 되어서야 한 시간 정도 주무시더니 또 오뚜기처럼 벌떡 일어나셨다. 미칠 것 같았다. 어찌하든지 아버지를 주무시게 하려고 여러 가지 시도를 했지만 아버지는 잠 안 자기 위해 사명감을 갖고 태어난 사람 같았다. 그리곤 계속해서 질문을 하셨다.

"큰 형 죽었다니?"

"오래 됐는데."

"오래 됐어? 그럼 누가 지관했다니?"

"나랑 큰 형이랑 7살 차이인데... 내가 지금 47살이고."

난 갑자기 웃음이 터져 나왔다. "아버지 47살이 아니고 76살이야"

아버지도 웃으시더니

"아이 참, 내가 47살이면 아직 환갑도 안 되었지..."

그날 난 아버지가 주무시기를 간절히 바랐다.

하루는 아버지를 위해 가을 이불을 하나 샀다.

흰 바탕에 보라색 꽃이 있는 예쁜 면 이불이다. 그런데 몇 번 잘 덮으시던 아버지는 어느 날부터인가 이불을 뒤집어 덮기 시작하셨다.

"아버지, 뒤집어 덮으셨네. 이게 바로야."

이불을 다시 덮어 드리려 하자

"아녀, 너 왜 그렇게 멍청하니. 이게 맞어"

아버진 다시 거꾸로 덮으셨다.

"알았어요, 아버지."

난 돌아섰다. 그날도 아버진 이불을 뒤집어 덮은 채로 낮잠을 주무셨다. 아버지 고집은 아무도 못 말렸다.

하루는 텔레비전을 보시던 아버지께서 갑자기 "밖에 비 오니?" 하고 물으셨다. 내가 아니라고 하자 아버진 다시 "그려, 그런데 텔레비

전에는 비가 내린다" 하셨다. 가서 보니 화면 상태가 안 좋아서 꼭 비가 내리는 것처럼 보였다. 아버지가 또 뭔가를 만지셨기 때문이다. 어느 땐 아예 TV가 안 나오게 만드셨다. 그럴 때마다 "아버지, 텔레비전 만지지 마세요"라고 내가 말하면 아버지는 오히려 역정을 내셨다. 모르면 가만있으라고 했다.

하루는 밤 9시가 넘어 아버지께서 따뜻한 물이 있느냐고 물으셨다. 등 좀 닦았으면 좋겠다고 하셨다. 난 좀 피곤했지만 아버지에게서 냄새도 나고 해서 목욕을 시키기로 했다. 욕조에 따뜻한 물을 받았다. 아버지는 환자가 되시고부터 목욕하는 것을 좋아하셨다. 머리를 먼저 감겨 드린 후 아버지보고 혼자서 천천히 닦으시라고 하고는 문을 닫고 나왔다. 그리곤 아버지의 요시트를 새것으로 갈고 있는데, 아버지께서 "이루 와봐" 하고 큰 소리로 부르셨다. 들어가니 "등 밀어" 하셨다. 난 등을 밀어 드리고 다시 거실로 나왔다. 나와서 조금 있으려니 다시 와서 등을 닦으라고 소리를 지르셨다. 다시 들어가 등을 좀 더 닦아드린 후 아버지를 어르고 달래서 밖으로 모시고 나왔다. 새 옷으로 갈아입으신 아버진 TV를 켜라고 하셨다. 그리고는 까미(강아지)를 끌어안고 아무 일 없었다는 듯 편안한 모습으로 텔레비전을 보시기 시작하셨다. 아버지는 그렇게 당신 하고 싶은 대로 하셨다. 안 되면 될 때까지 소리를 지르시거나 역정을 내셨다.

어느 설날 아침이었다.

지난 밤 아버진 주무시지 않으셨다. 그리곤 알지도 못하는 피브이씨를 어디다 두었느냐고 성화셨다. 난 점점 피곤해지기 시작했다. 어찌하든 그 상황을 빨리 정리하고 싶었다.

"아버지, 지하실에 두었으니 걱정 마세요."

그런데 또다시 어디 두었느냐고 물으셨다.

"없어요."

나도 모르게 대답했다.

"그럼 왜 아까는 있다고 했니?"

다시 역정을 내기 시작하셨다. 그렇게 밤새 주무시지도 않고 나를 괴롭히시던 아버지는 아침에 막내가 아버지를 모시러 오자

"천 원 줘. 차비하게. 막내랑 가게."

그리곤 막내 등에 업혀 큰 오빠 집으로 설을 지내러 갔고, 난 혼자 남아 잠을 잤다.

아버지는 종종 냉장고를 뒤지곤 하셨다. 대개 뭐 마실거나 먹을 것을 찾으셨다. 그리고 '아침햇살'이 있으면 어린아이처럼 좋아하셨다. 아버지는 물을 거의 안 드셨다. 어찌하든지 물을 조금이라도 드시게 하려면 꼭 약 먹듯이 드셨다. 그래서 집에는 항상 이온 음료나 아침햇살을 준비해 놓고 있었다. 물 대신 드렸다. 그러나 아버지는 아침햇살을 술로 아셨다. 어떤 때는 '아침햇살'을 꼭 술 드시듯이 마시면서 안주를 달라고 하셨다.

엄마가 가끔 이 모습을 보시면 "왜 저러고 있지. 전기세 많이 나와. 어서 냉장고 문 닫어" 하시면서 소리를 높이셨다. 그럼 아버지도

이에 질세라 엄마를 노려 보면서 "왜, 냉장고 문 좀 열면 안 되니?" 큰 소리로 한마디 하셨다. 늘 보는 두 분의 사는 모습이었다.

하루는 거실에서 "연수야, 이루 와봐" 하는 아버지의 목소리가 들렸다. 밖으로 나가 보니 아버지는 냉장고 앞에 앉아 계셨다. 나를 보시더니 "이거 안 풀어진다" 하시면서 허리띠를 보여 주셨다. 가만히 보니 허리에 벨트가 단단히 쪼여 있었다. 풀어 보려고 시도를 했지만 나도 풀 수 없었다.

"아버지 누우셔. 누워서 풀어보게."

아버진 누우셨고 난 다시 허리띠를 풀어 보려고 했지만 풀 수 없었다. 마음이 조금 다급해졌다. 끊어야겠다고 생각하고 가위로 허리벨트를 잘라버렸다. 아버지는 일어나셔서 잘려진 허리벨트를 보시더니 "아~ 이거 8천 원 주고 산건디 왜 잘랐니?" 하시면서 잘려진 허리벨트를 손에 붙드시고 못내 아쉬워하셨다. 아버지의 그 진진한 모습을 보면서 난 사진으로 남겨야겠다고 생각하고 '찰칵' 찍어 놓았다.

어느 날이었다.

그날도 아버지는 주무시지 않았다. 이것저것 물으시고 힘들게 하시더니 갑자기 "십만 원 줘" 하시며 내게 손을 내미셨다.

"뭐 하시게?"

"담배 사먹게."

아버진 평생 담배를 피우셨는데 치매가 오면서 담배를 끊으시게 되었다. 아버지에게 50원짜리 동전 하나를 드렸다. 아버지는 받아

보시더니 "에이, 이건 소용없어" 하셨다. 그 모습을 보면서 난 조용히 웃었다.

하루는 아버지 곁에 누워서 이야기를 하고 있었다.

아버지는 "연수야, 여기가 어디라니?"라고 물으셨다. 자주 물으시는 질문이다. 아버지께서 이곳이 어느 지역이냐고 물으신다는 것을 알면서도 난 "집" 하고 대답했다.

"그럼 여기가 집이지 산이냐?"

"아버지, 그럼 매일 사는 집인데 왜 자꾸 물어?"

"늙었으니께 그렇지. 정신이 왔다 갔다 하는디."

"그놈의 정신은 왜 그렇게 왔다 갔다 하나 꽉 붙들어."

말하고는 난 갑자기 "깔깔" 웃기 시작했다. 왜냐하면 아버지의 손목을 보니 거기에 시계가 두 개나 있었기 때문이다.

"아버지, 왜 시계를 두 개나 차고 있어?"

아버지도 웃으시면서 손을 들어 올리더니 "이거 줏었어."

너무 웃겨서 사진을 찍어 놓았다. 아버지는 그렇게 가끔씩 웃겨주셨는데 코미디가 따로 없었다.

하루는 저녁을 드신 아버지께서 잠시 누우시는가 싶더니 오뚝이처럼 벌떡 일어나셨다.

"어허, 경비하러 가야는디. 내 옷 어디 있다니?"

"아버지, 걷지 못해서 이젠 경비 아니야."

내가 나직히 말했다.

아버지는 오래 전 경비를 하셨던 적이 있으시다. 그러자 작은 아버지 언제 죽었느냐, 큰 아버지 살아 있느냐 등등 계속 물으셨다. 나도 계속 대답했다. 그러다 아버지는 또다시 경비하러 가야겠다고 하셨다. 나도 또다시 아버지 경비 아니라고 말했다. 그러자 이번에는 "그럼 경비 사무실 가게 신발 줘" 하시면서 현관 쪽으로 엉금엉금 기어가셨다. 할 수 없이 아버지 구두를 꺼내 드리며 "아버지 가요" 하며 나도 신발을 신었다. 그런데 아버지는 구두를 신으려다 말고 갑자기 "에이, 내일 낮에 가야겠다" 하시더니 눈을 부라리시며 나를 향해 욕을 하시기 시작했다. 구두로는 나를 때리실 모양이었다. 한참을 현관 앞에서 그러시더니 다시 구두를 내게 주시며 "신발장에 둬" 하셨다. 구두를 신발장에 넣고서야 아버지의 떼쓰기는 끝났다. 아버지가 떼를 쓰기 시작하면 말이 통하지 않으니 방법이 없었다. 한동안 시달리는 수밖에.

어느 날 오후였다.
그날은 하늘이 잔뜩 흐리고 비가 내릴 것 같았다.
밖을 내다보시던 아버지께서
"연수야, 비가 올 것 같으니 밖에 좀 나가 봐라 혹시 비 맞을 것 없나 살펴봐."
옛날 시골에 살던 때를 생각하시는 것 같았다.
"아버지, 우리 집은 아파트라 괜찮아. 비 맞을 것 없어요."
말씀드린 후 난 피곤해서 침대에 누웠다. 깜빡 잠이 들었는데 또 "연수야, 연수야, 비 맞을 것 없나 나가 봐" 하는 소리가 들렸다. 난 누운 채로 "아버지 없어" 하고는 그대로 있었다.

그러자 아버진 잠시 후

"연수야, 이루 와봐" 하고 큰 소리로 부르셨다. 이번엔 대답하지 않고 가만히 있었다. 대답이 없자 아버진 "이 XX. 대가리 깨처 죽인다" 하시면서 식식거리며 나에게 다가오고 계셨다. 엄청 화가 나 있었다.

난 조용히 "아버지 여긴 아파트라 비 맞을 것 없어요"

"누가 몰러서 그러니? 지하 말여."

"아버지 우린 8층에 사니까 8층만 우리 집이야."

"으응. 그려? 그럼 아무 상관없다. 지하에 물이 차든 이 아파트가 넘어지든."

그것으로 아버지와의 실랑이는 끝이 났고 아버지는 언제 그런 일이 있었느냐는 듯이 곤히 주무셨다.

하루는 마룻바닥을 치면서 크게 소리를 지르시는 아버지의 목소리를 들었다. 무슨 일이 일어난 줄 알고 깜짝 놀라서 걱정스런 마음으로 "아버지 왜 그러셔?" 하고 물었다. 그러자 아버진 "까치 쫓느라구" 하셨다. 너무 어이가 없었다. 밖을 내다보니 까치 한 마리가 베란다에 앉아 "까악 까악" 울고 있었다. "아버지 괜찮아. 조금 있으면 날아갈 거야" 하자 아버진 잠잠해지셨다. 우리 집 앞에는 작은 산이 하나 있다. 그래서 늘 새소리를 들으며 산다. 까치도 많다. 그날도 까치 한 마리가 베란다에 앉아 있었다.

하루는 외출에서 돌아오니 아버지가 전화기를 들고 "여보슈, 여보슈" 하고 있었다. 그런데 가만히 보니 전화기를 거꾸로 대고 계셨다. 난 웃음이 나왔지만 참고 있었다. 아버진 나를 보시자 "니가 전하 했었니?" 진지한 표정으로 물으셨다. "아니" 하고는 아버지의 표정 때문에 참았던 웃음이 그만 터지고 말았다. 아버진 전화기를 내게 건네주시면서 "니가 받아봐" 하셨다. 전화기를 받아보니 이미 전화는 끊어진 상태였다.

하루는 아버지께서 애기처럼 짜증을 내기 시작하셨다. 아버진 가끔 짜증을 내셨다.
"아버지 빵 줄까?"
아버진 빵이란 말에 금세 얼굴 표정이 밝아지면서 "응" 하셨다. 아버지는 빵을 좋아하셨다. 프렌치 토스트를 만들어 두유와 함께 아버지께 드리고 나도 곁에서 아버지와 같이 먹었다. 먹는 도중 아버지의 손목시계가 내 눈에 들어왔다.
"아버지, 그 시계 잘 가?"
"아니, 안가."
아버지의 손목시계는 오래 전 멈추어 섰는데 그래도 늘 시계를 차고 계신다. 그리고 말씀하셨다.
"이 시계 시계방에서 훔쳤어. 금시계여."
아버지의 멈추어진 시계처럼 아버지의 시간도 멈추어 서 있었다. 아버진 당신이 몇 살인지 사는 곳이 어디인지 많은 것들을 잃어버리셨다.

어느 화창한 봄날이었다.

아버지께서 식목일도 아닌데 나무 심으러 가자고 아침부터 성화였다.

"아버지, 오늘 나무 심는 날 아니야."

"그럼 왜 차가 왔니?" 아버진 버럭 소리를 지르셨다.

나도 소리를 높여서 "아버지, 도대체 왜 그러셔 정신 좀 차려" 그리고는 주무실 수 있도록 약을 한 알 드렸다. 약을 드셨어도 아버진 주무시지 않고 나를 계속해서 괴롭혔다. 어찌할까 생각하다

"아버지 밖에 바람 쏘이러 나가자. 사람들 나무 심는지 안 심는지도 보고."

그러자 아버진 그제야 좀 잠잠해지셨다. 아버지를 휠체어에 태워 밖으로 나갔다. 나가자 경비 아저씨가 보였다.

"아저씨, 우리 아버지에게 여긴 나무 안 심는다고 얘기 좀 해주세요."

부탁을 드렸다.

"어르신, 나무 심는 것 다 끝났어요."

경비 아저씨가 말하자 아버진 "상관 없유" 하셨다. 아버지와 함께 아파트 단지를 한 바퀴 돌았다.

"아버지, 나무 심는 사람 있나 봐."

그러나 아버진 퉁명스런 표정으로 얼굴을 잔뜩 찡그리고는 아무 말이 없었다.

"아무것도 없지 아버지? 집에 들어갈까?"

"그려."

나는 아버지를 모시고 다시 집으로 돌아왔고 집에 돌아오시자마자 아버진 피곤하신지 곧바로 주무셨다. 난 그날 사람들이 노인을 왜 학대하는지 이해가 될 것도 같았다.

나는 매일 아버지의 소변 양을 체크했다.

염증이 생기면 안 되기 때문이었다. 하루는 아버지께서 소변을 조금 뿐이 안 보셨다. 걱정이 되었다.

"아버지 소변 안 나와?" 난 자꾸 물었다.

"아니, 왜 그려?" 하시면서 약간 짜증스러워 하셨다.

아침 햇살을 평소보다 더 많이 드렸다. 저녁이 되자 다행히도 아버지는 소변을 좀 더 보셨다. 안심이 되었다.

함께 하기

어느 날 아버지께서 "난 할머니가 아프다고 하시면 어디 가서든 약을 구해 왔어. 그런디 다른 사람들은 다 그냥 잔다. 자" 하셨다. 아버지는 할머니께 효자였다고 작은 고모님이 언제가 말씀하셨던 것이 기억났다. 그것은 엄마도 인정을 하셨다. 할머니께서 어디가 편찮으시다 하면 아버지는 어디 가서든 할머니께 꼭 필요한 약을 구해 오셨다고 하셨다. 그것이 한약이든, 양약이든, 나무뿌리든, 풀뿌리든. 그때 한 아버지의 효도로 누워 계신 15년 동안 아버지는 딸의 극진한 돌봄을 받으셨고 아들들의 효도를 받으셨다.

돌아보면 인간적으로는 쉽지 않은 일이었다.

하나님이 그렇게 하셨다고 고백할 수밖에 없다. 특별히 아버지는 아들들의 등에 많이 업혀서 다니셨다. 걷지를 못하시니 아들들이 아버지를 등에 업으면 딸인 나는 아버지의 구두를 들고 뒤따르곤 했다. 그럴 때마다 아버지는 떨어질세라 아들들의 목을 꼭 끌어안았다.

난 그런 모습을 볼 때마다 아버지를 업은 아들의 마음은 어떨지, 또 아들의 등에 업힌 아버지의 마음은 어떨까 생각을 해보곤 했다. 왠지 가슴이 찡~하고 아름답고 감사하게 생각이 되었다.

엄마는 젊어서, 아니 평생을 아버지 때문에 고생을 하셨다. 그런데 노년에까지 병든 남편을 수발해야 하니 많이 힘들어 하셨다. 엄마는 종종 화가 나시면

"저 인간만 아니면 내가 이렇게 힘들지 않을 텐데. 젊어서도 속 썩이더니 늙어서까지."

아버지로 인한 여러 어려움들에 대해 화나는 마음을 표현하셨다. 그러다가도 아버지의 상태가 조금이라도 안 좋으면 근심어린 표정으로

"어디 아퍼? 어디가 그렇게 아퍼?" 하시며 팔과 다리도 주물러 주셨다.

엄마는 평생 그렇게 아버지를 원수같이 대하시면서도 또 불쌍히 여기는 두 마음을 가지고 사셨다. 그럼에도 불구하고 젊어서 잡은 손을 놓지 않고 끝까지 함께 동행하셨다. 쉽지 않은 인생의 긴 여정을 묵묵히 앞만 보며 걸어오셨다. 엄마가 계시지 않았다면 아버진 살아 계셔서 그런 돌봄을 받지 못했을 것이다.

하루는 교회 갔다 돌아오고 있는데 엄마로부터 전화가 왔다. 다급한 목소리로

"어디냐?"

"응. 지금 가고 있어."

"야, 큰일 났다. 빨리 오너라. 아버지가 피를 막 쏟는다."

"응, 알았어. 엄마, 그럼 아버지 응급실 갈 준비 좀 시키고 있어." 전화를 끊고 조금 있으려니 다시 전화가 걸려왔다.

"어디쯤 오고 있니? 빨리 와라."

집에 도착하니 집에는 여기저기 온통 피가 묻어 있었다. 이불에도 아버지 옷에도. 아버지께서 하혈을 하고 계셨다. 엄마는 놀란 모습으로 아버지 곁에서 묻은 피를 닦고 있었다. 난 바로 119를 불러 보라매 병원 응급실로 향했다. 이렇게 아버지를 모시고 이런저런 일로 응급실을 간 것이 한두 번이 아니다.

하루는 새벽이었다. 아버지께서 "연수야, 일어나 봐" 하셨다.

아버지의 부르시는 소리를 듣고 일어나 보니 아버지께서 변기통을 "달그닥 달그닥" 만지는 소리가 들렸다. 짜증이 났다. 아버진 그렇게 꼭 새벽에 일어나 볼일을 보셨다. "아버진 왜 꼭 새벽에 똥을 눠?" 퉁명스럽게 말했다.

아버지도 물러서시지 않고 "넌 어렸을 때 똥 안 눴니?"

"아버지가 내 똥 치웠어?"

아버진 당연하다는 듯이 "그럼" 하셨다.

"아버지는 고생시키는 것도 가지가지네" 하고는 다시 잠자리로 돌

아갔다.

어느 봄 주말이었다. 하루는 인천에 사는 동생과 함께 아버지를 모시고 안양의 메트로병원으로 가고 있었다. 노란 개나리와 진달래, 하얀 목련이 활짝 핀 참으로 화창한 아침이었다. 가는 도중 작은 터널을 하나 지나갔다.

아버진 터널을 보시더니 "아! 터널 좀 봐라. 참 길다" 하시며 어린아이같이 좋아하셨다. 병원에 도착해서 의사선생님이 "할아버지, 요즘 입맛은 어떠세요? 식사는 잘하세요?"라고 묻자 아버지는 "나 밥 안 먹은 지 1년 됐슈" 하셨다. 난 옆에서 조용히 미소만 지었다. 아버진 가끔 식사를 하시고도 안 하셨다고 하셨다.

아버진 치매 환자이셨기 때문에 거의 매일 똑같은 질문을 하셨다.

"할머니 살았다니? 큰 아버지 살았다니? 큰 고모는 살았다니?"

그날도 아버진 또 똑같은 질문을 하셨다.

"아무도 안 계셔. 아버지 혼자야."

"어허. 그려."

아버지는 약간은 허탈해 하셨다. 그런데 아버지께서 매일 잊지 않고 기억하시는 것이 하나 있는데 그건 식사시간이었다. 아침이 되고 저녁이 되면 아버지는 시간을 어떻게 그렇게 아시는지 "밥 안 하니? 밥 했니?" 하고 물으셨다. 그럼 그때가 바로 식사시간이다.

"아버진 참 이상하네. 다른 것은 다 잊어버리셨는데 어떻게 식사

시간을 그렇게 잘 아셔?"

"으응... 배꼽시계 있잖니?"

난 웃음이 빵 터졌다. 엄청 웃었다.

아버지는 그렇게 한 번씩 나를 웃겨 주셨다. 아버지의 재치는 아버지로 인해 피곤하고 지치는 나에게 산소 같은 에너지요 기쁨이었다.

한 번은 아버지 목욕을 시키고 옷을 갈아 입혀드리는데 난 팔에 힘이 없어 잘할 수가 없었다. 보다 못한 아버지는

"넌 옷 하나도 제대로 못 입히니? 시절(바보의 사투리)이구나. 군대 가봐라. 한 시간 안에 일어나 후딱 옷 갈아입고 연병장에 집합해야 혀. 그렇지 않으면 마구 때려."

"아버진 안 맞았어?"

"내가 왜 맞니? 그런데 미련하고 멍청한 놈들 참 많어."

아버지는 군에서 대대장 연락병으로 복무를 하셨는데, 평생 그것을 굉장히 자랑스럽게 생각하셨다. 종종 "난 대대장 연락병이었어. 눈치도 빨라야 하고 대대장 옷도 반듯하게 줄 세워 다림질해야 혀." 힘 있는 목소리로 말씀하곤 하셨다.

아버지는 젊어서 강아지를 좋아하셨다.

아픈 아버지를 혼자 두고 외출을 하려면 마음이 불안했다. 그렇다고 항상 아버지 옆에 붙어 있을 수도 없고. 강아지를 한 마리 사야겠다고 생각을 하고 있었다. 애견 샵도 가보았다. 그러던 중 교회

의 박 집사님이 내가 강아지 좋아하는 것을 알고 어느 날 "강아지 한 마리 키우실래요? 친척이 키우는 강아지가 있는데 사정이 생겨서 더 이상 키울 수 없게 돼서 나보고 키우라고 하는데, 나는 두 마리나 있으니 더 이상 키울 수가 없어서요. 강아지가 너무 영리해서 누구 주기가 아깝대요"라고 했다.

그렇게 해서 까미가 우리 집에 오게 되었다.

영리하고 재롱이 많은 강아지 미니핀이다. 아버지는 까미와 금방 친구가 되었다. 까미도 얼마 지나지 않아 자기를 좋아하는 아버지의 파수꾼이요 지킴이로 곁을 지키기 시작했다. 아버지가 까미에게 팔을 내주면 까미는 아버지의 팔을 베개 삼아 "드르렁, 드르렁" 낮잠을 자기도 하고 애기처럼 팔에 꼭 안겨 있기도 했다. 그러다 서로 싸우기도 했지만 둘은 서로 너무 좋아했다. 아버지는 마지막 날 집을 나가시면서 숨이 몹시 차는 상황에서도 까미를 한 번 쓰다듬어 주시고 가셨다.

한 번은 해물 국수를 끓였다.

아버지는 무척이나 국수를 좋아하셨다. 나에게는 해물을 넉넉히 넣고 아버지에게는 조금 넣었다.

아버지는 내 국수를 보더니

"왜 고기는 너만 먹니?"

"아버진 질겨서 못 드셔."

내 국수에 있던 해물을 몇 개 더 아버지에게 드렸다.

아버진 오징어를 하나 씹더니 못 먹겠다면서 옆에 있던 까미에게 던져 주었다. 그러나 난 맛있게 먹었다.

주말에 작은 오빠가 다녀갔다.

오빠는 욕조에 따뜻한 물을 가득 채우더니 아버지를 그 속에 앉히고 "닦으슈. 손을 자꾸 써야 굳어지지 안유" 했다. 아버지는 의외로 그 속에서 한참 동안 혼자 닦으면서 좋아하셨다. 아버지가 혼자서 목욕을 하는 동안 오빠는 아버지의 이불과 요를 다 밖으로 가지고 나가 털고는 소독해야 한다며 햇볕에 말렸다. 그리고는 걸레를 들고 집안 곳곳을 다 닦았다. 아버지는 따뜻한 물에 들어갔다 나와서 그런지 무척 개운해 하셨다. 작은 오빠는 집에 오면 늘 그렇게 문을 열고 환기를 시키고 청소를 해주고 갔다.

하루는 주일에 교회 갔다 오니 큰 올케와 조카가 와서 아버지 목욕도 시키고 집안 청소도 해놓고 간 것을 알 수 있었다.

"아버지, 오늘 누가 와서 목욕시켜 드렸어?"

난 아버지의 얼굴을 가만히 들여다 보며 물었다.

"몰러, 어떤 아줌마하고 경비 아저씨랑 와서 닦아 주었어. 둘이 왔었어."

그리곤 갈아입은 새 옷을 보면서 "이건 어디서 났지?" 하셨다. 거짓말쟁이 같으신 아버진 천진난만한 아이 같았다.

어느 여름날이었다. 외출에서 돌아오니 막냇동생네 가족과 조카가 와 있었다. 조카는 거실에서 세발자전거를 타고 있었고, 올케는 포도를 씻어 아버지께 드리고 있었다. 그러자 조카도 살며시 아버지 옆에 앉아 둘이서 같이 포도를 먹기 시작했다. 엄마와 우리들은 그 모습이 너무 예뻐서 다 같이 웃었다. 그때에 까미가 조카를 향해 "앙" 하고 짖자 조카는 무서워서 아버지에게 더 바짝 붙어 앉더니 아버지의 손을 잡고 "엉엉" 울었다.

어느 주말이었다.

외출에서 돌아오니 인천에 사는 동생이 아버지 머리도 깎아드리고 목욕도 시켜드리고 돌아간 것을 알았다. 아버지의 머리는 주로 인천에 사는 동생이 깎아 주었다. 전용 이발사였다. 아버지는 한층 말쑥한 모습으로 앉아 계셨다.

"아버지, 오늘 누가 와서 아버지 목욕시키고 이발해 줬어?"
"으응, 바느질 하는 사람이 왔다 갔어."

하루는 아버지께서 "어허, 시계와 반지가 없어졌다" 하셨다.
"아버지, 잘 찾아봐" 하고는 나는 텔레비전을 보고 있었다.
아버진 혼자서 여기저기를 뒤지시더니 여전히 없다고 하셨다. 나도 모른다고 했다. 그러자 아버진 더 이상 찾기를 멈추고 나와 함께 TV를 보기 시작했다. TV를 보던 중 난 우연히 옆에 계신 아버지 주머니를 만지게 되었다. 그런데 무언가 딱딱한 것이 손에 잡혔다. 자세히 보니 거기에 아버지께서 찾으시는 시계와 반지가 있었다. 하얀 화장지에 잘 싸여진 채로. 너무 반가워서
"여기 있네. 아버지 시계와 반지."
큰 소리로 말하자 아버지도 반가움에 웃으시면서 "어허, 그게 왜

여기 있다니" 하시더니 그것들을 다시 손수건으로 싸시면서 "도둑놈이 훔쳐갈지 모르니 잘 싸서 둬야 혀" 하셨다. 난 그런 아버지의 모습을 보면서 "아버지 찾기 쉬운 데 두세요" 했다.

아버진 전립선 비대증으로 나중에는 고생을 하셨다.
그래서 어느 때는 요와 이불을 하루에 여러 번 바꿔 드려야 했다. 세탁기를 기본으로 2~3번 돌렸다. 그날도 그랬다. 아버지의 시트를 갈아드리면서 짜증난 목소리로
"아버지, 왜 그래. 나 미치겠네."
"넌 왜 그렇게 오줌 쌌니?"
"언제 내가 오줌 쌌어?"
"너 어려서 얼마나 오줌을 많이 쌌는지 알어?"
난 갑자기 웃음이 빵 터졌다. 찌그러졌던 내 얼굴이 갑자기 활짝 펴졌다. 아버지는 코너에 몰리면 언제나 그렇게 당당하셨다. 기저귀로 더 이상 감당이 안 되서 아버지를 모시고 병원에 갔다. 의사는 소변줄을 달아야 한다고 했다. 의사의 권유에 따라 소변줄을 달고 집으로 돌아왔다.

그동안 아버지도 나도 너무 고생이 많았다. 소변줄을 달고 오니 그렇게 편할 수가 없었다. 왜 좀 더 일찍 안 하고 그동안 그렇게 미련하게 살았는지 후회스러울 정도였다. 집안에서 냄새도 안 나고 나도 새벽에 일어나지 않아도 되고, 수시로 이불과 요를 빨지 않아도 되었다. 몸이 너무 편했다. 소변줄이 아버지와 나에겐 구원의 동아줄이 되었다.

하루는 아버지께서 아침 일찍부터 밥을 달라고 하셨다.

아침 식사를 한 후 샤워를 하고 아버지도 목욕을 시켜 드렸다. 아버지는 목욕할 때마다 항상 이태리 타올로 빡빡 문지르라 하셨다. 그렇지 않으면 소리를 지르시곤 하셨다. 그날도 아버지와 실랑이를 하면서 목욕을 마친 후 나오려는데 "연수야, 나 똥 눠야겠다" 하셨다. 목욕도 하시고 볼일도 보신 아버지는 얼마나 시원하셨을까...

아버지는 굴을 좋아하셨다. 하루는 굴을 넣고 시금치 된장국을 끓여 드렸다. 그런데 식사를 하시던 아버지께서 갑자기

"우리 간장 없다니?"

"없어. 아버지, 국에다 밥 말아 드셔."

왜냐하면 아버지는 된 밥을 싫어하시는데 그날 밥이 좀 꼬들밥이라 혼나지 않으려고 나름 미리 선수를 쳤다. 그러자 아버진 버럭 소리를 지르시더니

"국에다 밥을 넣으면 짜지니?"

하루는 갑자기 북한에서는 겨울에 동치미에 국수를 말아 별미로 먹는다는 것이 생각이 났다. 집에 맛있는 동치미가 있었다. 국수를 삶아 동치미 국물에 국수를 말아 아버지께 드렸다. 아버지는 "맛있다 맛있다" 하시면서 한 그릇 뚝딱 비워 내신다.

통로가 되어 드리기

성경 요한일서 4장 16절에 보면 "하나님은 사랑이시라"라고 쓰여 있다.

이 하나님의 사랑을 알고 느끼기까지는 시간이 걸렸다. 하나님을 사랑하는 사람들과의 관계를 통하여 알게 되었다. 그들의 헌신과 섬김과 사랑을 통하여, 어떤 사랑 받을 만한 조건이 있어서가 아니라 창세기 1장 26절의 말씀처럼 "하나님의 형상을 따라 지음 받은 자" 그것이 내가 사랑받고, 존중받고, 용납 받을 수 있는 조건이고 가치인 그런 사랑을 경험하였다. 돌아보니 많은 사랑을 받았다. 여기에서 일일이 다 말할 수가 없다.

그중에 자신도 가난한 선교단체 간사이고 몸도 아픈데 매달 나에게 2만 원씩 후원해 주었던 친구가 있었다. 하얀 봉투에 A4 용지로 정성스럽게 싸서 보내주었다. 처음엔 난 그게 편지인 줄 알았다. 하나님의 사랑을 느끼게 해준 잊을 수 없는 친구 중 한 명이다. 그리고 하와이 코나 University of the Nations에 있을 때에 방을 함께 썼던 미셸의 사랑도 감동적이었다. 주말이면 피곤해서 아침도 먹지 않고 늦게까지 자는 나를 위해 한 주도 빠지지 않고 점심을 챙겨 주고 엄마같이 나를 챙겨 주었던 미셸도 잊을 수 없는 사람 중에 한 사람이다.

아버지를 돌보면서 비록 치매에 걸리고 심장이 안 좋아 누워 계셨지만 나에겐 아버지도 '하나님의 형상을 따라 지음 받은 자'였다. 이것이 내가 아버지를 대했던 마음이다. 나의 이 마음이 아버지에게 전달이 되었는지 아버지는 나에게 마음을 열어 주시고, 곁을 내주시고, 이름을 불러 주시고, 의지하시고 도움을 청하셨다.

시간을 같이 보냈다. 이야기도 많이 했다. 사소한 이야기도 하고 의미 있는 이야기도 하고, 일상의 이야기도 하였다. 아버진 맛있는 것이 있으면 나에게도 주시면서 같이 먹자고 하셨다. 함께 웃기도 하고 울기도 했다. 드문 일이지만 아버진 기분이 아주 좋으시면 노래도 부르셨다. 박자도 없고 시작과 끝도 없는 그런 노래였다. 혼자서 흥에 겨워 부르시면서 손가락으로 마룻바닥을 두드리기도 하셨다. 그런 아버지의 모습을 보고 있노라면 내 마음도 기쁘고 즐거웠다. 자라면서 보지 못하고 경험하지 못한 일들이었다.

내가 하와이 코나 열방대학에 있을 때이다.

남편 때문에 고생하는 어린아이가 한 명 있는 한 젊은 미국 교포 여인이 있었다. 난 그 여인를 보면서 어떻게 저런 남편하고 살 수 있는지 이해가 잘 되지 않았다. 성격에 장애가 심한 남편이었다. 어느 날 교제하면서 어떻게 이렇게 사느냐고 조용히 물어보았다.

그러자 그 여인이

"갈 데가 없어요. 친정에서는 시집가서 잘 사는 줄 알고 있으니 친정으로 갈 수도 없고, 아이가 있으니 아이와 어디로 도망을 갈 수도 없고" 하고는 내 무릎에 얼굴을 파묻고 큰 소리로 "엉엉" 울었다. 한참을 울었다. 그 말을 듣는데 내 마음도 얼마나 아픈지 무너져 내리는 것 같았다. 많이 안타까웠다.

어느 날이었다.

이 여인의 남편은 수업을 듣던 중 무언가 자기 마음에 들지 않는지 갑자기 일어나 문을 박차고 밖으로 나가 버렸다. 어린아이 같은 그 사람의 행동을 보면서 '저 사람은 언제까지 저럴까' 혼자서 생각했던 적이 있다.

그런데 아버지를 돌보는 것도 내게는 만만치 않은 일이었다.

어린아이가 되어 버린 아버지를 참고 견뎌야 하는 상황이 너무나 많았다. 싸울 수도 없고, 어떤 때 내가 너무 화가 나서 목소리를 높이기라도 하면 심장이 안 좋으신 아버지는 나로 인해 더 화가 나서 숨을 헐떡거리셨다. 그런 아버지의 모습을 보면 난 아버지가 어떻게 잘못될까 봐 두려워서 즉시로 평정심을 찾아야만 했다. 그리고 살살 아버지를 달래드리거나 "아버지, 미안해. 잘못했어요"라며 아버지의 화를 풀어드리기도 했다.

어떤 때는 준 것도 도로 빼앗고 싶을 정도였다.

아버지가 아니라면 더 이상 보고 싶지 않을 때도 한두 번이 아니었다. 아버지만 아니라면 꼭 어디다 갖다 버렸으면 좋을 것 같은 때가 셀 수도 없이 많았다. 그럴 때 보면 아버지는 인간이 아닌 것 같았다. 그럴 때면 아버지도 밉고, 가족들도 다 미웠다. 그리고 나 자신에 대해 화가 났다.

그런데 이상하게도 그 순간이 지나면 하나님은 내 마음을 바꿔 주시고 또 바꿔 주시곤 했다. 아버지가 다시 불쌍해졌다. 아버지 때문에 내가 변해가고 있었다. 하나님은 나를 바꾸시기 위해 아버지를 사용하시고 있었다.

하루는 아버지께서 식사를 안 하시더니 갑자기 숨이 차고 열이 났다. 아버지께서 맨 처음 입원했던 안양의 메트로병원 응급실로 갔다. 몇 가지 검사를 하더니 의사가 입원하라고 했다.
"할아버지, 입원하셔야 해요"라고 말하자 아버지는 "나 서울 집에 가야는디..." 하시더니 두 눈에 눈물이 핑 돌았다. 그런 아버지를 보고 있으려니 마음이 많이 안쓰러웠다. 아버지는 집을 좋아하셨다. 명절에 큰 아들집에 잠깐 갔다 오시는 것 외에는 집에만 계셨다. 집에서 강아지와 함께 여름이면 베란다에 앉아 가끔 밖을 내다보시는 것을 좋아하셨다.

지난해 여름 엄마는 길을 걷다가 동네에서 교통사고를 당하셨다. 그로 인해 두 달 동안이나 병원에 입원해 있어야 했다. 지난 여름은 유난히도 무더웠다. 그 무더위를 뚫고 난 엄마 병문안을 다녔다. 집에 돌아오면 또 아버지가 나를 기다리고 있었다. 얼마나 힘든지 자리에 누우면 몸이 바닥에 붙어서 움직여지지가 않았다. 꼭 마비된 느낌이었다.
하루는 병원에 가서 엄마를 보고 집으로 돌아와 누웠는데 "연수야, 나 똥 눈다" 하는 아버지의 목소리가 들렸다. 가서 보니 아버지는 기운이 없으셔서 자리에 누워계신 채 볼일을 보고 계셨다. 아버지는 지난 여름 몸이 많이 쇠약해 있었다. 기저귀만 차고 앉아계신 아버지의 모습은 꼭 아프리카 난민 같았다. 뼈만 앙상하게 남은.

그 광경을 보고는 너무 어이가 없어서 다시 내 자리로 돌아갔다. 그런데 조금 있으려니 집안에 냄새가 진동을 했다. 그러나 차마 치울 엄두가 나지 않았다. 일이 너무 크고 난 기운이 없었다. 이불로 아버지를 살짝 덮어 드리면서

"아버지 난 몰라. 어쩔 수 없어. 내일 요양 보호사 선생님이 오실 때까지 이러고 있으셔."

그리곤 다시 내 방으로 들어갔다. 그러나 냄새 때문에 도저히 견딜 수가 없어서 다시 일어나 아버지에게로 갔다. 그리고는 늘어져 있는 아버지를 간신히 일으켜 세우고 일단 옷을 다 갈아입혔다. 그런 후 요시트를 화장실로 가지고 가서 빨았다. 난 "엉엉" 울고 싶었다.

'요양원에 보내야지. 더 이상은 못한다' 혼자말로 중얼거렸다. 난 너무 지쳐 있었다. 그동안 마음으로는 아버지를 요양원에 수십 번도 더 보냈다. 본전 생각도 났다. 내가 왜 이 집에서 이 고생을 하고 있는지 모르겠다는 생각이 들었다. 짧은 순간에 많은 생각이 오고 갔다. 그렇다고 누구 하나 나를 챙겨주는 사람도 없었다. 본인이 능력 없으니 저러고 있는가 보다 생각들 하는 것 같았다. 그러다 고개를 들어 화장실 거울을 바라보며 "휴~"하고 숨을 깊이 들이마시고 내뱉기를 했다. 그러자 갑자기 '나도 힘들지만 저럴 수밖에 없는 아버진 얼마나 힘들까!' 하는 생각이 들었다. 생각이 여기에 미치자 마치 지옥 같았던 내 마음에 갑자기 큰 평화가 물밀듯이 밀려

왔다. 그건 기적이었다. 그러면서 힘이 생기고 아버지를 향한 긍휼히 여기는 마음이 다시 일어났다.

지난 여름 아버진 식사를 통 못하셨다.
그날도 아버진 입맛이 없으신지 식사를 잘 안 하려 하셨다. 그렇다고 뉴케어만 드릴 수도 없고 고민이었다. 교통사고로 입원 중인 엄마를 보고 돌아오는 길에 미니 단 호박 한 박스를 사 가지고 왔다. 그걸 찐 후 아로니아와 두유를 넣고 믹서기로 갈아서 아버지께 드렸더니 한 그릇 뚝딱 드셨다.
"아버지, 맛있어?"
"맛있다."
"더 드릴까?"
"응"
아버진 조금 더 드셨다. 안도의 숨이 쉬어졌다.

어느 날 밤이었다.
난 늦게까지 자지 않고 누워서 책을 보고 있었다.
그런데 "연수야, 연수야" 부르시는 아버지의 작은 목소리가 내 귀에 들렸다. 자지 않고 있었기 때문에 들을 수 있었던 목소리였다. 만약 자고 있었다면 그 소리를 듣지 못했을 것이다. 반사적으로 벌떡 일어나 아버지에게 가보니 아버진 얼굴이 하얗게 질려 있었고 몸에서는 식은땀을 지나 물이 흐르고 있었다.
처음 보는 모습이었다 깜짝 놀라서 엄마를 깨우고 119를 불렀다.

시계를 보니 새벽 1시를 넘어가고 있었다. 다시 또 보라매 병원 응급실로 달려갔다. 응급실에 도착하자마자 아버진 피검사를 하고 곧 수혈을 받았다. 이틀이나 수혈을 받았다. 입원해서 이틀 정도 이것저것 검사를 마친 후 삼일째 되는 날 식사가 나왔다. 식사가 나오자 아버진 너무 맛있게 드셨다. 그 모습을 보는데 왠지 가슴이 찡~했다. '저렇게 맛있게 드시는데 그동안 좀 더 잘해드릴걸' 아쉬운 마음과 미안함이 한없이 들었다.

아버진 누워서 생활하시다 보니 변비 때문에 한동안 고생을 하셨다. 처음엔 나도 환자를 간호해 본 경험이 없으니 아버지를 어떻게 돌봐드려야 할지 잘 몰랐다. 나중엔 매일 과일을 갈아드리면서 변비는 없어지게 되었다. 만일을 위해서 항상 집에는 변비약을 준비해 놓고 있었다. 그런데 하루는 변비약도 없었는데 아버지께서 심한 변비로 고생을 하셨다. 약국에 가서 좌약을 사왔다. 아침 10시부터 시작된 변 보기가 오후 2시가 되어서야 끝이 났다. 30분에서 1시간 또는 2시간 간격으로 변을 보셨다. 아버진 거의 탈진이 되어 그냥 누우셔서 볼일을 보셨다. 나도 무척 힘들었다. 그러나 아버지의 그 모습을 보니 '아버지도 얼마나 힘들까' 하는 생각이 들면서 아버지가 애처롭게 보였다. 그날은 참으로 힘든 날이었다.

한 번은 밤중에 자고 있는데 냄새가 심하게 나서 일어났다. 일어나서 보니 아버지는 소변을 방바닥에 보시고 걸레로 그것을 닦고 있었다. 기가 막혔다. 옷은 이미 다 젖어 있고 요시트도 그랬다. 정신이 번쩍 들었다. 일단 아버지 옷을 다 갈아입히고 요시트도 다 새로 갈고 창문을 열어 환기를 시켰다. 스트레스가 엄청 올라왔다. 그런데 순간 또 그런 아버지에 대한 안타까운 마음이 어디서 왔는지 내 마음에 슬며시 들어왔다. 그러자 올라오던 울화가 조용히 가라앉았다. 힘들었지만 마음이 바뀐 것에 감사했다.

하루는 화장실이 막혀서 씩씩 거리며 뚫고 있었다. 아버지의 변비 때문이었다. 이렇게 해도 안 되고 저렇게 해도 되지 않았다. 할 수 없어서 펌프질을 하기 시작했다. 열심히 펌프질을 하고 있는데 아버지께서 살금살금 화장실 앞으로 오시더니 나를 물끄러미 바라보시며 "왜, 화장실이 막혔니?" 하셨다.

아무것도 모르는 어리아이 같은 표정이었다. 그 모습과 표정을 보는 순간 난 또 웃음이 빵 터졌다. 너무 어이가 없어서. 그리고 아무것도 모르는 그런 아버지가 부러웠다. 아버지는 그렇게 나에게 힘든 시간도 주시고 즐거운 시간도 주셨다.

어느 새벽이었다.
"달그닥, 달그닥" 아버지의 변기통 만지는 소리가 들렸다. 그러더니 잠시 후 "끙끙" 하는 소리가 들리는가 싶더니 "연수야, 연수야, 연수야" 부르셨다. 반사적으로 벌떡 일어나 아버지에게 갔다. 그놈의 불청객 변비가 또 아버지를 힘들게 하고 있었다. 난 일단 야쿠르트 4병을 따서 아버지에게 드렸다. 야쿠르트를 드신 후 아버지는 민생고를 해결하셨다.

"똥 누는 것도 이렇게 힘든데 애기 낳는 건 얼마나 힘들겠니? 니 엄마는 애기 낳으면서 울더라" 하셨다. 볼일을 다 보신 아버지는 다시 주무셨다. 시계를 보니 새벽 3시였다. 아버진 새벽을 깨우는 재주가 있으셨다. 나도 다시 잠자리로 돌아갔다.

주택에 살고 있을 때였다. 우리는 3층에 살고 있었는데 아버지를 모시고 교회에 가고 싶었다. 아버지를 준비시켜 놓고 휠체어를 꺼냈다. 휠체어를 먼저 밑으로 내려놓고 아버지를 모시고 내려갈 생각이었다. 그런데 계단에 발을 한 발 내딛는 순간 난 휠체어와 함께 밑으로 밑으로 구르기 시작했다. 순식간에 일어난 일이었다.

"어어어" 하는 사이에 난 데굴데굴 아래로 아래로 구르고 있었다. 그 와중에도 '밑에 집 창문이 깨지면 안 되는데 어쩌지' 하는 생각이 머리를 스쳐지나갔다. 아찔했다. 그러나 창문도 깨지지 않았고 나도 바닥에 "쿵" 하고 머리는 찍었지만 멀쩡했다. 별이 보이는 것 같기도 하고 멍했다. 그러나 난 얼른 일어나서 다시 집으로 들어가 아버지를 조심조심 모시고 내려와 교회에 갔다 왔다. 그러나 아버지는 내게 무슨 일이 있었는지 아무것도 모르셨다.

하루는 아버지와 저녁에 식사를 같이했다. 조기 네 마리를 올렸다. 내가 두 마리 먹고 아버진 한 마리 드셨다. 세 마리째는 내가 발라서 아버지께 드리려고 젓가락을 대는 순간이었다.

"너 왜 그렇게 빨리 먹니? 너 혼자 이 조기 다 먹겠구나."

"아버지, 한 마리 드셨잖아. 나머지 이거 한 마리 아버지 다 드셔."

"나 한 마리 안 먹었어, 그냥 쬐끔 먹었어."
하루는 족발이 먹고 싶었다. 동네가게에 가서 족발을 사왔다.
"아버지 족발 샀어. 드실 수 있어?"
"그럼, 먹을 수 있지" 치아가 없으신 아버지께선 부드러운 고기를 몇 점 드셨다. 그리곤 맛있게 먹는 나를 보더니 "넌 참 잘 먹는구나. 다 먹지 말고 남겼다 내일 먹어"라고 하셨다.

지난 추석 즈음이었다.
추석빔으로 아버지 옷을 하나 사기로 했다. 옷을 사러가니 흰색과 하늘색 줄무늬의 면 티셔츠가 눈에 딱 들어왔다. 사다가 아버지께 입혀 보니 잘 어울렸다. 사진을 찍어 친구들에게 보내 보았다. 색깔이 참 예쁘고 아버지가 어쩜 그리 깨끗하시냐고 했다. 내가 사드린 마지막 옷이 되었다.
하루는 오후에 교회 가려고 집을 나서면서
"아버지, 교회 갔다 올게요"라고 했다.
"교회 가지마. 나 울려고 그런다. 괜히 슬프다."
그런 아버지를 혼자 남겨 두고 교회에 갈 수가 없었다. 아버지 옆에 나란히 앉아 찬송가를 몇 곡을 불렀다. 잠잠히 듣고 계시던 아버지께서 "이 근처에 교회 있다니?" 하고 물으셨다. 그러시면서 당신도 어려서 교회에 다녔노라고 하셨다. 그러나 그건 사실이 아닐 확률이 높다. 아버지와 난 다음 주일 같이 교회를 가기로 했다. 아버지는 환자가 된 이후 혼자 계신 것을 싫어하셨다.

5장
아버지의 축복

아버지의 커다란 손

아버지의 손은 마디가 굵고 커다란 손이었다.
그 손은 아버지의 삶을 말해주는 손이다.
자라면서는 한 번도 아버지의 손을 잡아보지 못했다.
그런데 어느 날 내가 성인이 되어서 허리 통증으로 잘 걷지를 못하고 있을 때였다. 병원에 다니며 물리치료를 계속 받고는 있었지만 오히려 통증은 더 심해지고 상태는 더 안 좋아지고 있었다. 다리에 마비가 와서 걸을 수가 없게 되었다. 그때 내 나이 20대 중반이었다. 젊은 사람이 잘 걷지 못하니 사람들이 쳐다보았다.
아버지께서 어디서 소문을 들으셨는지 "연수야, 어디 허리 잘 고치는 데 있다는데 가보자. 주사 한 방이면 된다고 하더라" 하셨다.

나와 아버지는 다음날 아침 일찍 그 병원으로 택시를 타고 갔다. 아마 강남 어디로 갔던 것 같다. 그러나 그곳에 가니 "아가씨세요? 아가씨는 주사 안 됩니다. 영동세브란스 재활의학과로 가보세요"라고 했다.

아버지와 난 그 길로 다시 영동 세브란스병원으로 택시를 타고 갔다. 이것이 처음으로 아버지께서 나를 위해 무언가를 해주시고 함께했던 시간이고 기억이다.

그 후 난 그곳에서 한 달간 입원했다 퇴원을 했다. 집으로 돌아와 누워 있는 나를 보시곤 저녁에 일터에서 돌아오신 아버지는 "연수 왔니?" 하시며 기뻐하셨다. 그리곤 누워 있는 나의 발을 가만히 만져 주셨다. 처음으로 경험한 아버지의 손길이었다.

지난 해 봄이었다.

어느 날 예능교회 다니는 친구가 문자를 보내왔다. 그 교회에서 가정 사역 세미나가 있는데 올 수 있는지 묻는 문자였다.

강사가 아는 분이고 그분의 세미나에 한 번 참여한 적이 있었지만 다시 한 번 참여하고 싶어서 가겠다고 답신을 했다. 이틀간의 세미나가 끝나는 마지막 강의 시간에 강사는 아버지의 축복에 대해 강의를 하셨다. 강의 중 "남자가 남자 되게, 여자가 여자 되게 하는 것은 아버지의 축복입니다"라고 강사가 말했다.

아버지의 축복이 자녀들의 성 정체성 발달에 절대적으로 중요한 역할을 한다는 말씀이다. 몇 가지 사례도 들려주었다. 아버지의 축복을 받지 못하고 삶이 파괴된 경우와 그 반대의 경우에 대해서.

익히 아는 말씀인데, 그날은 특별히 그 말이 내 귀에 더 크게 들리고 마음을 울렸다. 그리고 아직까지 아버지께서 살아계신 것이 너무 감사하다는 마음이 들었다. 오늘은 아버지의 축복을 받아야겠다고 생각했다.

난 자라면서 중성처럼 자랐다. 여자아이로서 성 정체성이 인정되고 존중되는 그런 가정환경이 아니었다.

중고등학교 시절에 연애편지를 남자 아이들로부터 받은 적이 있었다. 중학교 때는 읽어 보는 것이 두려워서 불에 태워버리거나 읽어보지도 않고 찢어 버려서 가족들은 몰랐다. 그런데 고등학교 때에는 내가 없는 사이에 집에 어떤 남자아이로부터 연애편지가 왔었다. 두 번인가 왔다. 나는 읽어 보기는 했지만 답장은 하지 않았다. 그것을 엄마가 아시고는 내게 무어라 하셨다.

오래 전이라 무슨 말을 들었는지는 기억나지 않지만 그때 나를 보고 말씀하시던 엄마의 표정은 아직도 희미하게나마 기억한다. 약간 나를 경멸하고 혼내는 투의 말씀과 표정이었다. 그때 엄마의 말씀을 듣는데 난 아무 잘못이 없음에도 뭔가 내가 잘못된 아이처럼 느껴지고 그렇게 취급당하는 것 같았다. 나의 여성성을 완전히 무시해 버리는 작은 사건이었다.

청소년기는 이성에 관심을 갖는 시기인데 난 그 시기를 지나면서 한 번도 이성에 관심을 가져 보거나 생각해 본 적이 없다. 설령 연애편지를 받고 남자 아이들이 관심을 갖는다 해도. 자라면서 나의 여성성은 자라지 못하고 멈추어 있었다.

세미나가 끝나고 집으로 돌아왔다.

돌아오니 아버지는 누워 계셨다.

누워계신 아버지께 아버지의 축복에 대하여 설명을 드리고 아버지의 축복을 받고 싶다고 했다. 모든 아버지에게는 축복권이 있다.

누워계신 아버지 앞에 난 무릎을 꿇고 최대한 허리를 낮추었다. 그리고 아버지의 손을 내 머리 위에 올리고 내 손을 아버지의 손에 올렸다. 그리고는 꼭 잡았다. 행여 아버지의 손이 떨어지기라도 할까봐.

아버지도 나도 생전 처음 해보는 일이었다. 난 고개를 옆으로 돌려 아버지의 얼굴을 보면서

"아버지, 내가 말하면 내가 말한 그대로 아버지가 다시 나에게 말하면 돼. 알았지?"

마치 이때를 위해서 아버지가 계신 것 같았다. 아버지도 누우신 채로 나를 보면서 "응, 그래" 하셨다.

축복은 이렇게 시작되었다.

"사랑하는 딸아 내가 너를 축복한다.....(중략)....너는 너 자신이 될 지어다. 내가 너를 풀어주고 축복한다" 라며 마쳤다.

비록 내가 말하고 아버지가 그대로 다시 말해주는 식이었지만 가슴이 뭉클하고 눈물이 핑 도는 순간이었다. 나의 여성성을 풀어주는 축복과 미래에 대한 축복을 많이 받았다. 내가 받고 싶은 것을 다 말했다. 아버지를 속여서까지 아버지의 축복을 받았던 야곱의 마음이 아주 조금은 이해가 되는 것 같기도 했다.

아버지의 축복이 끝난 후

"아버지, 내게 하고 싶은 말씀 있어?"

"잘 살아라. 축복한다" 라고 말을 하고 싶다고 하셨다. 이것이 처음이자 마지막으로 내게 해주신 아버지의 축복이었다. 감동의 시간

이었다.

어린 시절 자라면서는 아버지로부터 칭찬이나 긍정적인 말을 들어본 적이 없었다. 딱 한 번 아픈 아버지를 돌보던 어느 날 아버지께서 화장실을 가고 싶다고 하셨다. 아버지를 부추겨서 화장실을 갔다 나오는데 "니가 나 때문에 고생이 많구나" 하셨다. 생전 처음 들어본 아버지의 감사의 말씀이었다.

오히려 가끔은 내가 듣지 않아야 할 부정적인 말씀을 하셨는데 주로 "넌, 안 돼. 안 된다"라고 하셨다. '너는 안 될 거라'는 뜻의 말이다.

그런 말을 들으면 어떤 때는 화가 나서

"아버지, 아버지가 말한 대로 그렇게 안 되면 좋겠어? 아유, 좋겠네. 얼마나 좋을까."

나도 얼굴을 붉히며 언성을 높인 적이 있다. 그런 아버지의 입술을 통해서 축복을 받았다는 것은 그동안은 상상도 할 수 없는 일이었다. 한 번도 기대해 본 적이 없는 놀라운 일이었다.

"아버지, 아들들이나 손주들이 오면 '사랑한다, 축복한다, 다 잘 될 거다' 라고 말씀해 주세요."

난 자리에서 일어나면서 아버지를 향하여 말하였다.

'다른 형제들도 나처럼 이런 아버지의 축복을 받으면 얼마나 좋을까.'

아버지의 축복을 받지 못한 형제들이 생각이 나면서 왠지 마음이 짠~했다. 그날 난 아버지의 비록 야위었지만 부드러운 손을 만지면서 아버지의 따뜻한 사랑을 가슴에 가득 담았다.

그 후 몇 개월이 지난 가을, 어느 아름다운 날에 아버지는 다시는 돌아올 수 없는 먼 길을 떠나셨다. 영원히 나에게 아버지의 축복을 남겨 주시고. 그 아버지가 그립다. 그 아버지의 커다란 손이 그립다.

채워진 마음의 빈 공간

어느 여름날 저녁이었다.

아버지와 나란히 앉아 TV를 보고 있었다.

TV를 보던 중 난 에이스 크래커를 꺼내와 아버지 앞에 놓았다. 나도 좋아하고 아버지도 좋아하시는 과자다. 아버지는 먼저 크래커 두 개를 집으시더니 아무 말 없이 나에게 주셨다. 그리고 다시 두 개를 집으시고는 드시기 시작하셨다. 순간 마음이 따뜻해졌다. 아버지의 작은 사랑이 조용히 물밀듯이 몰려왔다. 아버지는 그 작은 과자 두 개를 통하여 아버지의 마음과 사랑을 내게 전해 주고 계셨고, 나는 그것을 받고 느끼고 있었다.

노먼 라이트 박사는 《아버지와 딸》에서 아버지가 없는 딸의 문제를 "마음 속의 구멍증후군"(p105)이라고 했다.

이것은 가슴속에 빈 공간이 있다는 것이며, 이를 "부서진 마음"이라고 말하기도 한다고 했다. 아버지가 있어야 할 자리에 빈 공간이 있을 때 마음은 부서지게 되며, 이 구멍은 눈덩이가 되거나 파급

효과를 일으켜서 성인이 되어도 계속된다고 했다.

나는 어려서부터 늘 마음이 허전했다.

그 허전함은 노먼 라이트 말처럼 마음에 뻥 뚫린 구멍, 빈 공간이었다. 아버지로부터 채움 받아야 할 구멍이요 빈 공간이었다. 지금 돌아보니 늘 뭔가를 찾고 있었던 것 같다.

오랫동안 내가 누구인지 알기 위해 시간과 돈과 삶을 드렸다. 그런데 이제야 알게 된 것은 내가 찾은 것은 잃어버린 아버지의 사랑이었다는 것을 알게 되었다. 받지 못한 아버지의 사랑이 내가 원하고 찾았던 것이라는 것을 오랜 시간이 흐른 후 알게 된 것이다. 그 사랑을 받지 못해서 내 안에는 자라지 못한 어린 소녀가 있었다. 늘 스스로를 어리다고 생각했다. 여자로서 자랄 수가 없었다. 나의 여성성이 꽃필 수가 없었다.

생각난다. 하와이 열방대학에서 성경적 기초상담을 공부하면서 저널을 하던 때가. 그때 난 저널 노트에 어린 소녀와 함께 웃고 있는 아버지의 사진이나, 아버지의 품에 안겨 있는 어린 여자아이의 사진을 붙이곤 했었다. 그러나 그때는 내가 왜 그러는지 몰랐다. 그냥 예쁜 여자아이의 사진이 자꾸 눈에 들어왔고 그것을 난 노트에 붙이고 있었다. 이제는 안다. 모두 아버지에 대한 그리움이었다는 것을.

어른이 되어 난 아픈 아버지와 함께 오랜 시간을 보냈다. 뒤돌아보니 엊그제 일 같지만. 지내면서 아버지는 그동안 아버지로부터 받지 못해 비어 있던 내 마음의 빈 공간을 많이 채워 주셨다.

아버진 늘 내 이름을 많이 부르셨다.

"연수야, 밥 먹자."

"연수야, 집에 있니?"

"연수야, 일어나라."

"연수야, 집에 가자."

"연수야 자니?" 등등.

어떤 때는 그냥 "연수야" 하고 부르셨다.

"왜, 아버지?"

"응, 그냥. 집에 있나 보느라구."

밤이고 낮이고 부르셨다. 어디서든 부르셨다. 식구들이 다 있어도 나만 부르셨다. 그리고 많이 의지하셨다. 어려서는 별로 들어보지 못한 아버지의 음성이다. 내가 아버지를 돌보았다고 생각했는데 돌아보니 아버지께서 내게 아버지를 돌볼 기회를 주셨다는 것을 알게 되었다. 아버지와 딸로서 관계를 가질 수 있는 시간을 주셨고, 사랑하고 사랑받을 수 있는 시간을 주셨다는 것을 알게 되었다. 아픈 아버지를 위해서 식사를 준비하고, 과일을 갈아드리고, 아버지를 생각하며 옷을 사고... 이제 보니 모두가 다 나의 빈 마음을 채우는 순간들이었다.

빵과 국수, 떡을 좋아하셨던 아버지. 라면을 별미로 아셨던 아버지. 아버지를 생각하며 끓였던 팥죽, 호박죽, 잣죽, 닭죽, 전복죽. 변비 때문에 고생하시는 아버지를 위해 겨울이면 종종 고구마를 쪄 드렸던 일. 이 모든 일들을 통하여 나는 아버지에게 사랑을 전하고 있었던 것이다.
 아버지는 잘 차려 입으시면 제법 품이 나셨다. 언젠가 아버지를 모시고 큰 오빠와 함께 안양 메트로병원에 갔을 때가 생각난다. 그때 아버지는 모자를 쓰시고 잘 차려 입고 가셨다. 의사는 아버지를 보자마자 "아유! 할아버지 멋쟁이시네! 누가 이렇게 챙겨 드렸어요? 딸이 챙겨 드렸지 뭐. 딸이 최고라니까" 하시자 아버진 조용히 아무 말 없이 싱긋 웃으셨다.

 아버진 생선을 좋아하셨다.
 하루는 병어조림을 해서 아버지께 드렸더니
 "이거 병어 아니냐?" 하시며 맛있게 드셨다. 아버지는 바다가 가까이 있는 농어촌 마을에서 태어나고 자라셨다.
 엄마 말씀에 의하면 한때는 우리 소유의 작은 배도 한 척 있었다고 한다. 내 기억에도 그물을 기우시던 아버지를 한 번 뵌 적이 있다. 아버진 가끔 옛날이 생각나시면 고기 잡으러 바다에 가야 한다고 하시거나 그물을 걷으러 가야 한다고 하시기도 하셨다. 이제는 이 모든 것들이 다 추억이 되었다. 심지어는 아버지와 함께 다녔던 병원과 응급실마저도.

 얼마 전 아버지와 함께 다녔던 병원을 갔었다.
 개인적인 진료 차 들렀다. 진료를 마치고 로비를 걸어 나오는데 '아버지랑 참 많이도 왔었는데' 하는 생각이 들면서 아버지의 모습이 눈에 보이는 듯 선했다.

이제 난 마음이 많이 자란 것 같다. 많이 채워진 것 같다. 아버지와 함께 힘들고, 어렵고, 외롭고, 때로는 행복하고 즐거운 시간을 보내면서 나도 모르게 성장하고 성숙했다. 마음에 힘이 생긴 것 같다.

이제는 독립할 수 있을 것 같다. 내 삶을 살 수 있을 것 같다. 그리고 나를 위한 삶을 살고 싶다. 이제야 나는 나이고 싶다는 마음이 생겼다. 나와 남을 구분할 수 있게 되었고, 나와 가족을 구분할 수 있게 되었다. 그리고 이제 나도 누군가에게 나누어 줄 수 있는 마음이 있는 것 같다.

아버지와 함께 보내는 동안 자라면서 불러보지 못했던 '아버지'라는 이름을 참으로 많이 불렀다. 하루는 외출했다 집으로 돌아오고 있었다. 까미가 나를 얼마나 반가워할까 상상하면서.

그런데 집에 도착하니 현관문이 열려 있었고, 방문들도 다 열려 있고, 낮인데도 불이 다 켜져 있었다. 그리고 마땅히 있어야 하는 아버지와 까미의 모습이 보이지 않았다.

"아버지! 아버지!" 부르면서 찾아보았지만 집에 계시지 않았다. 많이 당황하고 놀랐다. 일단은 엄마에게 전화를 걸어 아버지가 집에 계시지 않은 것을 알리고 까미를 부르면서 계단을 내려가기 시작했다. 내려가다 보니 5층 엘리베이터 앞에서 아버진 약간 혼이 나간 사람처럼 앉아 계셨다. 걷지 못하시는 아버지께서 8층에서 어떻게 거기까지 가셨는지 전혀 상상이 가지 않았다. '기어서 거기까지 가시다니!' 아버지를 보니 너무 반가웠다.

"아버지, 왜 여기 계셔? 까미는?"

"몰러" 하시면서 고개를 옆으로 저으셨다. 일단 아버지의 위치를 확인한 난 "아버지, 여기 잠깐만 계셔" 하고는 강아지를 찾으러 일층까지 내려갔다.

"까미야, 까미야" 아무리 목청껏 소리를 높여도 까미는 보이지 않았다.

마음은 안타깝지만 까미 찾는 것은 잠시 뒤로 미루고 아버지에게 다시 돌아왔다. '혼자서 아버지를 어떻게 옮기나' 하고 잠시 아버지 앞에 서 있노라니 다행히 한 남자분이 우리를 보고는 "도와드릴까요?"라고 물었다. 난 너무 반갑고 감사해서 "네" 하고 얼른 대답을 했다. 감사하게도 그 남자분은 아버지를 업어서 우리 집에까지 데려다 주고 돌아갔다. 얼마나 감사하고 고맙던지.

일단은 아버지를 씻기고 옷을 갈아입혀 드리니 아버지도 놀라셨는지 그대로 곤하게 주무셨다. 그리고 집을 나갔던 까미도 밤늦게 다시 찾게 되었다. 이제는 그 아버지가 그립다. 내 이름을 불러 주시던 아버지의 목소리가 그립다. 고집스럽고 심술궂던 아버지의 표정도 그립다. 날마다 누워 계시던 그 자리에 아버지가 여전히 누워 계신 듯하다. 그리고 순간순간 웃겨 주시던 아버지의 재치와 함께 있었던 시간이 이젠 그리움이 되어 내 마음을 따뜻하게 가득 채우고 있다.

무거운 짐이 떠나고...

지난 가을 추석쯤이었다.

난 너무 많이 지쳐 있었다. 숨이 꼴딱 하고 넘어갈 것같이 힘들었다. 하루는 방바닥에 방석을 깔고 엎드려 간절히 눈물로 기도를 했다.

"하나님 아버지, 죽을 것 같습니다. 나 좀 살려 주세요. 이 상황에서 나 좀 풀어주세요."

더 이상 어떻게 아버지를 돌볼 힘이 없었다. 오랫동안 피로가 누적되어 몸과 마음이 많이 상해 있었다. 이쯤 되자 그제서야 난 생각을 해보게 되었다.

'내가 왜 여기에 있는지, 이 일을 내가 왜 하고 있는지, 이 일은 누구의 일인지.'

그러자 갑자기 번쩍하고 깨달아지는 것이 있었다.

'아! 그렇구나. 이 일은 내 일이 아니구나! 난 어려서부터 항상 누군가를 위해서 살았지. 나를 위해 살지 않았구나!'

마치 그동안 보이지 않던 눈이 번쩍 뜨여 보이는 것 같았다. 역기능적 가정의 병적인 잘못된 삶의 패턴과 역할이 내 눈에 분명하게 보였다.

이것을 깨닫고 나니 놀랍게도 내 안에 큰 자유가 찾아왔다.

말할 수 없는 큰 기쁨이 내 안에서 일어났다. 집안에 가만히 있을 수가 없었다.

까미를 데리고 밖으로 산책을 나갔다. 그리고 외쳤다.

"난 자유다! 할렐루야!"

"난 자유다! 할렐루야!"

"난 자유다! 할렐루야!" 외치고 외쳤다.

내가 그렇게 외쳐야겠다고 생각하지도 않았는데 입에서 그렇게 말이 저절로 터져 나왔다. 외치면 외칠수록 더 큰 기쁨이 배가 되어 내 속에서부터 샘솟듯이 일어났다. 놀라운 일이었다. 며칠 동안을 그렇게 외쳤다. 산책하면서 하늘을 향해 큰 소리로 외쳤다. 사람들이 보면 꼭 미친 사람이라고 할 것 같아서 사람들이 있으면 잠시 참았다가 혼자이면 다시 크게 외치기를 반복했다.

그리고 알게 되었다. 이 시간이 올 때까지 아버지가 나를 기다려 주셨다는 것을. 나를 자유케 하시려고. 여기까지 오는데 참으로 오랜 시간이 걸렸다. 그리고 다시 한 번 지금까지 아버지를 돌본 것은 내가 한 것이 아니라 하나님이 그렇게 하셨다는 것을 알게 되었다. 나에게 깨달음을 주시려고. 하나님의 사랑이 어떠함을 알게 하시려고. 그리고 이 모든 것은 하나님 아버지의 축복이었고 섭리였다는 것을 알게 되었다.

또한 동시에 오랫동안 내 어깨 위에 얹혔던 무거운 짐이 떠나가는 것을 느꼈다. 멍에가 순식간에 꺾이는 것 같았다. 마치 이사야 10장 27절의 "그날에 그의 무거운 짐이 네 어깨에서 떠나고 그의 멍에가 네 목에서 벗어지되" 이와 같은 일이 내게 일어난 것이다.

그날이 비로소 내게 온 것이다. 난 그저 놀랄 뿐이었다. 환호성을 질렀다. "할렐루야!"가 저절로 터져 나왔다. 마음이 상쾌하고 날아갈 것 같았다.

이 무거운 짐은 내가 자라면서 지게 된 짐이었다.

미성숙한 부모님과 어렵고 힘든 환경 속에서 아이가 짊어져야 했던 짐들이었다. 상처의 짐, 상실감의 짐, 나 스스로에게 도달할 수 없는 높은 기대를 세워 놓고 그 높은 기대에 도달하지 못해 자책하고 좌절했던 짐 등이 나를 누르고 힘들게 하고 나의 많은 가능성과 잠재능력을 제한시켰다. 나의 미래를 앗아가 버렸다.

그리고 그것은 나의 평생의 삶을 유령처럼 따라다니며 나의 삶에 부정적인 영향을 주었다. 삶의 모든 부분에 영향을 미쳤다. 중요한 것을 선택하고 결정하는 것, 자신의 생각과 감정을 적절히 표현하는 의사소통, 다른 사람과의 관계, 한 개인으로서 나를 타인과 분리하고 독립하는 것 등등. 성인으로서의 성장과 성숙을 방해하고 개인의 삶의 목적과 목표가 이루어지는 것이 방해를 받았다.

하나님을 섬기는 것도 마찬가지였다.

처음엔 사랑으로 시작했지만 나중엔 하나님과 사람의 인정과 칭찬과 사랑을 받기 위해 했다. 또 다른 하나의 무거운 짐이었다. 질 수도 없고 그렇다고 내려놓을 수도 없는 딜레마였다.

성경은 갈라디아서 6장 5절을 통하여 "각각 자기의 짐을 질 것이라"고 말씀하고 있다. 우리에게 각각 자기의 짐을 지라고 말하고 있다. 난 이제야 알게 되었다. 내가 다른 사람의 짐을 질 수 없다는 것을. 그리고 다른 사람의 짐을 지고자 하는 것 자체가 교만이라는 것을. 그러나 어려서부터 남의 짐을 지는 데에 익숙해 있던 난 오랫동안 그렇게 살았다.

노먼 라이트는 "당신의 과거와 화해하라"에서 어린 시절 우리의 고정된 생활양식은 우리에게 친밀감을 준다고 말하고 있다. 그것이 건강한 것이든, 고통스러운 것이든 말이다.

즉 우리가 경험한 어려서의 고정된 생활양식은 그것이 어떤 것이든 상관없이 우리에게 친숙하다는 것이다. 사람들은 자신에게 친숙한 것, 익숙한 것을 하게 된다. 나 역시 다른 사람의 짐을 지는 것은 마치 내 몸에 자동센서가 부착되어 있는 것처럼, 그렇게 나를 자동적으로 움직이게 하는 친숙함이었다. 자석이 끌리는 것처럼 나의 도움을 필요로 하는 곳에 나 자신을 두었던 것이다. 그것이 내가 할 일인지 아닌지를 떠나서. 그것은 끊을 수 없는 중독과도 같은 자연스러운 내 삶이었다.

그러나 난 이제 알게 되었다. 그것은 나 자신에 대한 학대이고 고통이었다는 것을. 어려서 경험한 고정된 생활양식을 계속해서 반복하고 있었다는 것을. 원수는 나에게 짐을 지어 줌으로 나로 하여금 절름발이의 삶을 살게 하고 감정의 감옥에 가두어 두려 하였지만 하나님의 은혜로 난 잃어버린 나를 찾았고 무거운 짐에서 벗어나게 되었다.

이제야 비로소 무거운 짐으로부터 벗어나 자유를 찾게 되었고 마음에 깊은 쉼을 얻게 되었다. 이제 나는 나 자신에 대해 편안함을 느낀다. 그리고 다른 사람들에 대해서도 한층 편안해진 나를 보게 된다. 원망하는 마음이나 화나는 마음에서도 놓임을 받았다. 마음이 많이 부드러워진 것 같다. 스스로 나를 채찍질하던 것도 사라졌다.

오랫동안 난 다른 사람의 지지와 지원을 필요로 했다. 특별히 감정적 지원은 내게 아주 중요한 부분이었다. 자라면서 중요한 결정을 가족들이 대신 해주었다. 난 그들이 결정해 주면 그대로 따랐다. 설령 그것이 아니라 할지라도 타인에 의존된 삶이었고 내가 없는 삶이었다. 그러나 이제 그러지 않아도 되는 것 같다. 설령 그 지원이 없다 하더라도 혼자서 설 수 있는 힘이 생긴 것 같다.

모든 것이 자연스럽다. 누구가의 인정과 사랑을 받기 위해 애쓰지 않는다. 더 이상 과거의 미성숙한 어린아이가 나의 발목을 잡지 못하도록 난 회복되고 성장하였음을 보게 된다. 과거가 더 이상 현재의 나의 삶에 영향을 주지 못하도록 분별할 수 있게 되었다. 이제야 옛적 일을 버린 것 같다.

"수고하고 무거운 짐 진 자들아 다 내게로 오라 내가 너희를 쉬게 하리라."

마태복음 11장 28절의 말씀으로 하나님은 무거운 짐을 지고 힘들어하는 우리를 초청하신다. 쉼을 주시겠다고 하신다. 그분은 내게 쉼을 주시는 분이며 짐을 벗겨 주시는 분임을 이제야 알게 된다.

아버지와 둘이서

지난해 여름은 더워도 너무 더운 여름이었다. 그 긴 여름이 지나고 서늘한 바람이 불어오는 가을이 되었다. 그러나 아버진 여전히 컨디션이 회복되지 않고 있었다. 아버진 아주 힘들게 여름을 보내고 계셨다.

'저녁이 되면 이러다 아버지 돌아가시겠구나!' 하는 생각이 들어 걱정스런 마음으로 바라보았다. 그러나 다음날 아침이 되면 아버지는 어김없이 오뚝이처럼 벌떡 일어나셨다. 그리고는 "연수야, 아침 먹자" 하셨다. 그러면 난 "휴우" 하고 깊은 안도의 숨을 내쉬기를 반복하고 있었던 어느 날이었다.

그날은 "연수야, 아침 먹자" 하는 아버지의 목소리가 이상했다. 평상시와는 다른 목소리였다. 감기에 걸린 목소리처럼 들렸다. 가래소리가 심하게 났다. '밤에 추웠나? 그래서 감기에 걸리셨나?' 혼자 생각하면서 아버지에게 가보았다.

"아버지, 배고파?"

"응"

그런데 아침을 드시는 아버지의 목소리는 평상시와 다르게 가래 소리가 심하게 났다. 식사를 마치신 후에는 하얀 가래를 많이 뱉어 내셨다. 그런 아버지를 보면서 의사를 만나야겠다는 생각이 들어 아버지가 다니시는 보라매병원 심장내과 의사를 만났다. 아버지 상태를 설명하고 가래약을 달라고 했다. 의사는 내 이야기를 듣더니
"그건 약으로 될 게 아닌 것 같으니 호흡기 내과로 가세요".
"그래도 가래약 주세요."
"약으로 안 되고 호흡기 내과로 가시라니까요."
"아, 네."
난 그제서야 상황판단이 섰다. 그리곤 아버지 심장약 처방전만 받아가지고 병원을 나왔다. 병원을 나와 약국으로 가고 있는데 갑자기 '아버지가 이 약을 다 드실 수 있을까?' 하는 생각이 들면서 눈물이 왈칵 났다. 그러난 난 어쨌든 처방받은 3개월분의 약을 사서 저녁때가 되어 집으로 돌아왔다.

집으로 돌아오니 아버지가 좀 이상했다. 몸을 만져 보니 온 몸이 뜨끈뜨끈했다. 안 되겠다 싶어서 일단 저녁을 먹고 밤샘 할 준비를 하고 119를 타고 아버지를 모시고 보라매 응급실로 갔다. 응급실에 도착한 아버지는 몇 가지 검사를 하고 다시 수혈을 받으며 응급실에서 밤을 보냈다.
의사가 물었다.
"아버님이 식사하시면서 사레가 자주 들렸나요?"
"네, 특별히 요즘에 더 그랬습니다."

"음식물이 폐로 들어가서 폐렴이 생겼습니다. 그런데 엑스레이 상에 뭔가 좀 보이는데 CT를 찍어 봐야 할 것 같습니다"

CT를 찍고 결과를 보더니 의사가 말했다.

"아마 암일 수 있으니 입원해서 조직 검사를 해야 할 것 같습니다."

의사의 그 말을 들으면서 '지금에서 암인들 어찌하나' 하는 생각이 들면서 난 아무런 느낌 없이 그냥 담담하게 받아들였다.

아버지는 일단 폐렴 치료를 위해 입원을 하게 되었다. 밤새 병원에서 지낸 난 막내 올케에게 아버지를 부탁하고 집으로 돌아와 샤워를 하고 쉬고 있었다. 그러는 사이 아버지는 병실로 올라가 계셨다. 수혈을 받고 링거를 꽂으니 아버진 컨디션이 한층 나아지셨다.

하루는 병실에 나와 아버지 둘이서만 있게 되었다.

그때 왜 그런 생각이 들었는지는 모르겠는데 '아버지와 둘이만 있으면 좋겠다. 하나님, 그런 시간을 주세요' 속으로 기도를 했다. 그리고 감사하게도 아버지와 둘이서만 있을 수 있는 시간이 왔다. 아버지와 이야기를 하고 싶었다. 아버지는 컨디션이 좋으신지 계속 앉아 계셨다. 즐겁게 이야기를 하셨다. 나도 아버지를 바라보며 보호자 의자에 앉아 있었다. 그날 나와 아버지는 밤새 많은 이야기를 나누었다.

"아버지, 나 어려서 어땠어?"

"너 어렸을 때 엄청 울었어. 난 니가 가수 되는 줄 알았어. 너무 울어서."

"그래서 어떻게 했어?"

"애기가 우는데 어떻게 하니, 근디 너 울으면 아우~ 정신없었어. 그냥 막 운다. 울어."

생전 처음 들어보는 이야기였다.

"아버지, 나 애기 때 안아 봤어?"

왜냐하면 아버지가 날 안아준 기억이 없기 때문에 궁금했다.

"안아 줬겠지."

"그럼 기저귀는 갈아줘 봤어?"

"그럼."

아버지의 대답을 들으니 '그래도 아버지가 나를 안아주셨구나! 한 번도 안 안아주셨을 줄 알았는데' 하는 마음이 들면서 아버지의 사랑을 확인 받은 기분이 들었다.

"아버지, 할머니에게 맞아 봤어?"

"그럼, 아무데나 때려. 많이 맞었어."

"왜 아버지?"

"응... 부산떤다고(소란스럽다고) 그랬지."

"그럼 할아버지는?"

"할아버지는 별로 안 때렸어."

"할아버지 일 많이 하셨어?"

"그럼."

"할아버지는 말이 많았어?"

"별루."

할아버지는 중풍으로 돌아가셨는데 난 어려서 우연히 할아버지가 누워 계신 것을 보았다.

어느 날 할아버지 댁에 놀러 갔다가 아랫방에 누워 계신 것을 방문을 열어보고 알았다. 내가 방문을 열었는데도 검정 바탕에 흰색이 있는 두꺼운 이불을 덮고 반듯이 누워 계시던 할아버지는 나를 쳐다보지도 않으셨다. 그 모습이 약간 무서운 것도 같고 마음이 좀 이상해서 얼른 방문을 닫았던 기억이 있다. 그것이 내가 본 할아버지에 대한 기억의 전부이다. 할머니는 아버지를 예뻐하셨다는 것을 알면서도 난 다시 한 번 물었다.

"할머니가 아버지 이뻐하셨어?"

"나만 이뻐했어. 내가 최고였어."

아버지는 할머니의 사랑을 많이 받고 자란 것을 다시 한 번 확인할 수 있었다. 할머니에 대한 기억이 많이 있었다.

"아버지, 지금까지 살면서 언제가 제일 좋았어?"

"지금이 제일 좋아. 먹을 거 걱정 안 하니께."

그 말씀을 들으니 그동안의 아버지의 고단했던 삶이 나에게 고스란히 전해지면서 가슴이 찡~했다.

"아버지, 그동안 힘들었지?"

"힘들었지. 뭐가 없었으니까."

아버지는 깊이 숨을 몰아쉬며 말씀하셨다. 마음이 짠~ 했다.

하루는 아버지께서 병실에서 컨디션도 별로 좋지 않으시고 계속해서 엄마가 보고 싶으신지 아침부터 찾으셨다.

"엄마 어디 있니?"

"언제 오니?"

묻고 묻고 또 물었다.

"조금 있으면 오실 거야."

안심을 시켜드렸지만 계속해서 물으니 난 피곤해지기 시작했다. 안 되겠다 싶어서 엄마에게 전화를 걸었다. 전화가 연결되자

"아버지, 엄마랑 통화 해봐."

내 스마트폰을 아버지에게 주자 아버지는 어찌해야 할지 몰라 당황해하셨다. 한 번도 스마트폰을 써본 적이 없기 때문이다. 난 전화기를 아버지 귀에다 대주고

"아버지, 엄마 불러봐."

"거기서 뭐하고 있어. 빨리 와. 이제 집에 와야지."

엄마의 목소리를 들은 아버지는 그제서

"연수 엄마여? 연수 엄마여? 나 오병희여."

두 분의 짧은 대화를 듣고 있노라니 꼭 소꿉장난하는 아이들처럼 정겹게 보였다. 그러자 엄마가 웃으셨다. 엄마의 웃는 소리가 들리자 아버지는 갑자기 안색이 변하면서

"야, 니 엄마 웃는다."

전화기를 나에게 주려고 하셨다. 엄마의 웃음소리에 기분이 상하신 것이다.

"아버지, 그럼 내일 봐 하고 끊어."

"내일 봐."

아버진 말씀을 마치시고 전화기를 내게 건네 주셨다. 그 장면을

보면서 난 웃음이 빵 터졌다. 한참 동안 웃었다. 그리고 아버지와 엄마의 그 짧은 대화가 계속해서 나에게 메아리처럼 울렸다.

헤어지는 슬픔

아버지는 며칠째 병원에서 식사가 나오지 않았다.

계속 링거만 맞고 있으니 식사를 하고 싶어하셨다. 그 모습을 보고 있으려니 안타까웠다. 그리고 계속 검사가 있었다.

하루는 담당 주치의가 저녁에 회진을 오더니

"환자가 언제부터 이랬습니까?"

"여름부터요. 더워서 그런 줄 알았어요."

"식사는 환자 스스로 하시나요?"

"네."

"요양원에 계신가요?"

"아뇨, 집에 계세요."

"보호자님, 복도로 나가서 잠시 얘기 좀 할까요?"

복도로 나가자 의사는

"폐에 혹 있다는 것은 응급실에서 들으셨죠?"

"네"

"지금 CT상으로 볼 때 암일 확률이 높고 만일 암이라면 4기쯤 되었을 겁니다. 근데 암이라 할지라도 지금 아버지 상태로는 치료법이 없어요. 다만 확진을 위해서 조직 검사가 필요한데 검사를 할 것인지 생각해 보고 결정해 주세요."

"가족들과 상의해 보겠습니다."

그 말을 듣는데 비로소 아버지의 상태가 피부로 느껴지면서 눈물이 났다.

의사는 주말까지 답을 달라고 하고는 돌아갔고 나도 눈물을 훔치며 병실로 돌아왔다. 오빠들과 동생들은 검사를 하지 않는 것이 좋겠다고 했다. 검사하면서 아버지가 더 힘들어질 수도 있지 않을까 하는 염려 때문이었다. 난 어찌해야 하는지 많이 고민이 되었다. 그리고 왜 그런지 모르겠는데 '아버지'라는 말만 하면 눈물이 자꾸 났다. 길을 걸어도 눈물이 주르륵 흘러내렸다.

집으로 돌아와 엄마에게 아버지의 상태를 말씀드리고 샤워를 하는데 갑자기 뜨거운 눈물이 왈칵 쏟아졌다. 혹시라도 엄마가 내 우는 소리를 들을까봐 샤워기를 크게 틀어놓고 소리 없이 울었다. 아버지를 돌보는 것이 많이 힘들기도 했지만 아버지와 헤어질 날이 점점 내 앞으로 달려오는 것 같아 슬프고 가슴이 아팠다. 이별을 받아들일 마음의 준비가 아직 되어 있지 않았다.

내 마음 저 밑에서부터 아버지에 대한 미안함, 사랑, 안타까움, 불쌍함, 서운함, 고마움 등등의 감정이 한꺼번에 물밀 듯이 밀려왔다. 계속 눈물이 났다. 친구들과 나누며 울고, 아무것도 모른 채 누워계신 아버지를 보며 울고, 몇 날을 울었다. 뭔지는 모르지만 갑자기 모든 시간이 빨리빨리 돌아가는 것 같았다. 난 약간 정신이 나간 사람 같았다.

가족들은 검사를 원치 않았지만 난 며칠 동안 생각한 후 검사를 받기로 결정했다. 왜냐하면 어쩜 앞으로 병원 올 일이 더 많을 것 같았다. 의사도 검사가 그리 어려운 검사는 아니라고 했고, 나도 그 때까지만 해도 아버지께서 조금 더 사실 거라고 굳게 믿고 있었다. 그러나 쉽지 않은 결정이었다.

검사실로 내려갔다.

의료진들은 아버지를 보더니 아버지가 검사를 잘 마치실 수 있을지 고개를 약간 갸우뚱했다. 난 아버지를 모시고 검사실로 들어가는 의료진들을 향해 "아버지가 할 수 없을 것 같으면 검사하지 마시고 그냥 아버지 내보내 주세요" 했다. 왜냐하면 검사 도중 호흡을 참아야 하는데 그들도 아버지가 그것을 하실 수 있을지 장담을 못하고 있었기 때문이었다.

그들은 알았다고 하면서 그러나 시도는 해보겠다고 했다. 난 밖에서 기다리고 있었다. 마음이 불안해서 가만히 앉아 있을 수가 없었다. 서서 간절히 기도했다. 시간이 참으로 더디게 흐르는 것 같았다. 기도하고 있는데 "숨 참으세요. 내뱉으세요" 하는 소리가 검사실 안에서 새어 나왔다. 난 아버지가 검사를 하고 계시다는 것을 그 소리를 통하여 알 수 있었다. 그 소리를 들으면서 아버지가 힘을 내시도록, 잘 견디어 주시도록 기도하면서 하나님이 아버지의 힘이 되시고 생명 되심을 고백하고 있었다.

그러는 사이 어느덧 시간이 지나고 검사실 문이 스르륵 열리더니 아버지가 모습을 드러내셨다.

"다 끝났나요? 아버진 잘하셨나요?"

"네, 잘하셨습니다"

아버지도 아무 일 없었다는 표정이었다.

"아버지 괜찮아? 아유, 아버지 수고하셨네."

아버지의 손을 꼬옥 잡아 드렸다. 무사히 검사를 마치신 아버지가 한없이 고마웠고 아버지를 오랜만에 만난 사람처럼 엄청 반가웠다.

그러나 아버지의 폐렴은 좀처럼 좋아지지 않았다.

아버진 정신을 차리지 못하셨다. 숨 쉬는 것도 힘들어하시고. 그 모습을 바라보아야 하는 나의 마음도 많이 힘들었다. 하루는 주무시는 아버지의 가슴에 가만히 손을 얹었다. 손을 얹고 기도하려니 "수고하고 무거운 짐 진 자들아 다 내게로 오라 내가 너희를 쉬게 하리라"는 성경 말씀이 생각이 났다. 나도 모르게 이제 아버지의 이 모든 힘든 고통이 끝나고 아버지가 쉴 수 있게 해달라고 하나님 아버지께 조용히 기도를 했다.

아버지는 폐암 진단을 받고 약을 한 아름 받아들고 퇴원을 하게 되었다. 막냇동생이 와서 아버지의 퇴원을 도왔다. 동생은 웃으면서 "아버지가 날 못 알아보시네. 작은 아버지인 줄 알아" 했다. 아버지는 앉아계실 힘이 없으셔서 내 무릎을 베고 누워서 집으로 돌아오셨다. 난 그런 아버지의 몸을 조심스레 안고 왔다. 콧줄을 달고 오셨다. 아버지도 집에 오시고 싶어하셨고 나도 많이 힘들었다.

집에 오니 너무 좋았다.

집안이 가득 찬 것 같고 왠지 따뜻한 느낌이 들었다. 그런데 병원에 있을 때는 몰랐는데 집에 와서 보니 아버지의 한쪽 발과 손이 뚱뚱 부어 있었다. 엄마는 아버지의 부은 손과 발을 보시더니 "아버지 돌아가겠다. 저렇게 손발이 부었다 내렸다 하면 오래 못 사신다" 하시면서 아버지의 부은 손과 발을 따뜻하게 만져 주셨다.

인천에 사는 동생 내외가 아버지께서 드실 유동 음식 여러 박스를 가지고 왔다. 간호사인 올케는 "아버님, 좋아지셨네요. 아무래도 영양공급이 잘 되시니 그런가 보네요" 하면서 아버지의 콧줄도 잘 만져 주고 이것저것 체크해 준 후 같이 점심을 먹고 돌아갔다.

집으로 돌아오신 아버지는 계속해서 콧줄로 음식을 드시고 있었다. 의사는 절대로 입으로는 아무것도 주어서는 안 된다고 했다. 하루는 아버지가 갑자기 손가락을 들어 보이시더니 마치 어린아이가 엄마에게 사탕을 달라고 하듯

"연수야, 요~만한 사탕 하나만 먹었으면 좋것다. 맛있는디…" 하셨다.

그러나 난 단호하게

"안돼, 아버지."

입으로 드시질 못하는 아버지께서는 계속해서 뭔가를 달라고 하셨다.

'얼마나 드시고 싶을까!'

나도 드리고 싶은 마음은 굴뚝같았다. 그러나 그때마다 난 "안돼, 아버지" 했다. 그때까지만 해도 머지않아 아버지가 콧줄을 떼고

예전처럼 다시 식사를 하실 거라고 난 믿고 있었다. 그래서 아버지께 아무것도 드리지 않았다. 못내 아쉽다. 그렇게 돌아가실 줄 알았으면 차라리 그때 드시고 싶은 것 그냥 드릴 걸 그랬다.

나 무서워

"연수야, 연수야" 다급하게 부르시는 아버지의 목소리가 들렸다. 벌떡 일어나 아버지에게 갔다. 시계를 보니 새벽 3시였다. 아버지는 일어나 앉아계셨다.

"아버지, 왜 그래?"

몸을 구푸려 아버지의 얼굴을 들여다보며 걱정스럽게 물었다. 그러자 아버진 "나 무서워, 나 죽을 것 같어" 하셨다.

아버지 옆에 가만히 앉아 손을 꼭 잡은 채 난 조용히 찬양을 부르기 시작했다. 오래전에도 아버지는 죽음에 대한 두려움을 크게 느끼셨던 때가 있었다. 그때도 난 아버지를 앞에 앉혀 놓고 찬양을 크게 불러드렸었다. 한참을 그렇게 하자 아버지께서 "됐다. 이젠 괜찮다"고 하셨던 기억이 있다.

그때를 상기하면서 난 조용히 아버지께

"아버지 무서워? 아버지 죽는 게 아니고 이제 쉬러 가는 거야. '수고하고 무거운 짐 진 자들아 다 내게로 오라 내가 너희를 쉬게 하리라'고 하나님이 말씀하셨어. 아버지는 죽는 게 아니고 이제 쉬러 가는 거야"

그리곤 또 찬양을 부르면서 아버지에게 필요한 성경말씀을 창세기부터 계시록까지 이곳저곳 찾아 읽어 드리고 설명을 해드렸다. 주로 아버지가 누구인지, 하나님은 어떤 분이신지, 예수님은 누구신지, 그리고 구원과 부활에 관한 말씀을 읽어드렸다.

그런데 특별히 요한일서 4장 7절에서 21절을 읽어드리는데 마음이 뭉클했다. 눈물이 날 것 같았다. 특별히 10절 "사랑은 여기 있으니 우리가 하나님을 사랑한 것이 아니요 하나님이 우리를 사랑하사 우리 죄를 속하기 위하여 화목 제물로 그 아들을 보내셨음이라"

'아! 하나님이 이렇게 나를 사랑하시는구나!'

비로소 하나님 아버지의 사랑이 가슴 깊이 느껴졌다.

'이것을 내게 가르치시려고 그동안 그렇게 아버지를 섬기게 하셨구나!'

사랑은 내게 속한 것이 아니라 하나님께 속한 것임을 처음으로 깊이 깨닫게 되었다. 한 절 한 절 소리 내어 읽을 때마다 구절구절이 심금을 울렸다. 깊은 밤, 온 세상이 고요한 시간에, 아버지를 위하여 혼자서 찬양하고, 성경 읽어드리고, 기도하고 또 찬양하고, 성경 읽어드리고 기도하기를 새벽 5시까지 하고 있었다. 어느새 아버지는 다시 평안히 잠이 드셨다. 아버지의 잠든 모습을 보고 나도 다시 자리로 돌아왔다.

'이런 때 누구 한 사람이라도 옆에 같이 있다면 얼마나 좋을까!'

영적인 외로움을 느끼는 시간이었지만 하나님의 사랑을 깊이 느끼는 잊을 수 없는 감동이 있는 시간이었다. 갑자기 죽음을 앞둔 사람을 위해서 사역하는 호스피스 사역이 얼마나 귀한 일인지 알게 되었다. 그리고 인생에서 무엇이 가장 소중한지를 알게 되는 아름다운 밤이었다. 아버지와 함께했던 새벽의 그 소중한 시간은 영원히 내 가슴속에 남아 있게 될 것이다.

집에 계신 아버지는 계속해서 잠만 주무셨다. 잠시 괜찮은가 싶다가도 다시 또 잠만 주무시고 손과 발은 부었다 내렸다를 반복하고 있었다. 콧줄로 음식을 드시니 기력도 찾지 못하시고 아버지를 일으켜서 앉아 있게 하는 것이 점점 더 힘들어지고 있었다. 하루는 자고 있는데 "넌 누구냐? 넌 누구냐?" 하는 아버지의 목소리가 들렸다. 그 소리를 듣는데 '아버지가 뭐가 보이는구나' 하는 생각이 들어 벌떡 일어나 아버지께 갔다. 아버지는 일어나 앉아계셨다.

"아버지, 뭐가 보여?"
"연수냐? 넌 교회 일만 하니?"
"응, 왜 아버지도 교회 가게?"
"그래, 나도 교회 가고 싶다."

깜짝 놀랐다. 오래전 아버지를 모시고 교회에 몇 번 간 적은 있지만 거동을 못하시는 아버지를 계속 모시고 다닐 수 없어서 그 이후 함께 다니지 못하고 있었다.

아버지와 난 다음 주일에 함께 교회에 같이 가기로 약속했다. 그러나 그것은 이루어질 수 없는 약속이 되고 말았다. 아버지를 위하여 국악 찬양을 틀어드렸다. 아버진 크게 틀라고 하셨다. 반복해서 계속 틀어드렸다. 찬양을 들으면서 아버진 다시 주무셨다.

다음날도 아침이 되자마자 아버지는 라디오를 틀라고 하셨다. 그것은 곧 그 찬양을 틀라는 의미였다. 시간은 계속해서 속절없이 흐르고 아버지는 계속 잠만 주무시면서 간간이 눈을 뜨셨다. 계속되는 긴장의 시간이었다.

하루는 누워 있는데 아버지가 오래 못 버티실 것 같은 마음이 들었다. 이모가 생각이 나면서 이모에게 알려야겠다는 마음이 들어 전화를 했다.
"이모, 아버지가 오래 못 버티실 것 같으네. 아버지 보고 싶으면 한 번 들러."
이모는 알았다고 하더니 다음날 오후에 포도즙 한 박스를 들고 오셨다. 집에 온 이모에게 아버지를 부탁하고 난 잠깐 외출을 하고 돌아왔다.
산책을 했다. 마음이 많이 불안했다. 꼭 무슨 일이 일어나기 전의 불안한 마음 그런 거였다. 집으로 돌아오니 아버지는 일어나 앉아 계셨고, 이모는 아버지 앞에 앉아 둘이서 도란도란 이야기를 하고 있었다. 아름다운 장면이었다. 처제와 형부의. 그리고 그것이 두 사람에게는 마지막 시간이 되었다.

나 좀 세워 줘

자고 있는데 갑자기 "아이고, 아이고" 하는 절박한 아버지의 목소리가 들렸다. 깜짝 놀라 벌떡 일어났다. 불을 켜고 아버지에게 가보니 일어나 앉아계셨다. 몹시 숨차하셨다.

"아이고, 답답하다. 문 좀 열어라."

얼굴도 까맣게 변해 있었다.

"아버지 왜 그래? 숨차?"

"응."

심상치 않은 상황이었다. 주무시는 엄마를 큰 소리로 깨웠다.

"엄마, 아버지 모시고 병원에 가야겠다."

난 병원 갈 준비를 하고 있었다. 마음이 급해졌다. 엄마는 상황파악이 안 되시는지

"날이 새면 아침에 가자" 라고 했다.

"엄마, 안 돼. 지금 가야 해."

난 엄마를 향해 소리를 지르고는 119를 불렀다. 새벽 1시가 조금 넘어가고 있었다. 아버지를 준비시키고 있으려니 구급대원들이 도착했다. 구급차에 오르자마자 아버지에겐 산소마스크가 씌워졌다. 보라매병원 응급실로 가고 있었다. 새벽이라 거리는 한산했다. 가는 도중 구급대원이 "왜 이렇게 병원을 멀리 가세요. 지금 환자가 위급합니다" 라고 했다.

"그럼 더 빨리 가시면 되잖아요."

"우리도 그러고 싶은데 그러다 환자가 다칠 수 있습니다."

119는 여전히 같은 속도로 달렸다. 병원에 도착하자마자 아버지는 몇 가지 검사를 받았다. 한 의사가 오더니

"지금 환자는 폐가 거의 없습니다. 지금 할 수 있는 방법은 폐에

직접 빨대를 꽂아 산소를 넣는 것인데 이건 한 번 꽂으면 인의적으로 뺄 수 없습니다. 이것을 할 것인지 가족들과 상의를 하시고 알려 주세요. 시간이 많지 않습니다."

정신이 번쩍 들었다. 집에 전화를 걸려고 하니 급하게 오느라 핸드폰을 가지고 오지 않은 것을 알게 되었다. 급한 마음에 간호사 데스크로 갔다.

"죄송한데 제가 전화를 가지고 오지 않아서 그런데 전화 좀 쓸 수 있을까요?"

그러나 그들은 흔쾌히 쓰라고 하지 않았다. 잠시 머뭇거리는 것 같았다. 그러자 옆에서 의사가 좀 거들어 주었다.

"전화 좀 한 번 쓸 수 있게 해주세요."

마지못해 간호사는 쓰라고 했다.

"엄마, 지금 아버지가 위급해. 지금 폐에 빨대를 꽂아야 한다는데 빨리 결정해 달래, 시간 지나면 못한대. 오빠들에게 지금 당장 전화 걸어."

난 다급한 목소리로 말했다. 그러나 엄마는 또다시

"내일 날 새면 하자. 다들 자는데."

"엄마, 지금 당장 전화 걸어 시간이 없어" 소리를 지르고는 전화를 끊었다. 잠시 후 다시 엄마에게 전화를 걸어 어찌되었는지 체크를 했다. 다행히도 작은 오빠하고 통화가 되었다고 했다.

그러나 간호사는

"이 전화는 업무용입니다. 밖에 있는 전화를 쓰셔야 합니다" 하고는 더 이상 전화를 못쓰게 했다.

난 간호사들이 참으로 몰인정하다는 생각을 하면서 무작정 밖으로 뛰어나갔다. 안내데스크가 보였다. 뚱뚱한 젊은 남자가 앉아 있었다.

"응급실 환자 보호자인데 전화기를 가지고 오지 않았습니다. 위급한 상황인데 가족들하고 통화 좀 할 수 있을까요?"

감사하게도 그분이 전화를 쓰라고 했다. 거기서 큰 오빠와 작은 오빠, 그리고 막냇동생, 그리고 간호사인 올케와 통화를 할 수 있게 되었다. 특별히 막냇동생에게는 "병원으로 지금 당장 오너라. 아버지가 위급하시다"고 단호하게 말했다.

그러는 사이 의사는 "오병희 보호자님! 오병희 보호자님! 지금 시간이 지나면 할 수 없어요. 어떻게 하실 건가요?" 하면서 전화하고 있는 나를 향해 큰 소리로 내게 다그쳐 물었다. 난 큰 오빠와 마지막 통화를 하면서 가능한한 빨리 병원으로 오라고 하고는 끊었다. 작은 오빠도 날이 새면 병원으로 가겠노라 했다. 우리는 빨대를 꽂지 않기로 힘든 결정을 내렸다. 난 다시 응급실로 뛰어서 돌아왔다.

의사는 "아버님, 오늘 응급실에서 돌아가실 것 같으니 연락할 수 있는 가족들에게 다 연락하세요"라고 업무적으로 말했다.

눈물이 나기 시작했다. 엄마와 형제들에게 다시 연락을 했다. 막냇동생이 새벽 3시쯤 되어 제일 먼저 병원에 도착했다. 동생에게 아버지를 맡기고 응급실 밖 의자에 앉아 긴박했던 순간에서 벗어나 잠시 숨을 고르고 있었다. 기도를 하고 싶었다. 기도를 하려는데 갑자기 하나님 아버지의 "사랑하는 딸아 수고했다"라는 음성이 분명하고 선명하게 내 마음을 울렸다. 눈물이 왈칵 났다.

다시 응급실로 돌아왔다.

아버지는 계속 고통스럽게 숨을 쉬었다. 차마 보기가 힘들었다. 조금 있으려니 큰 올케와 큰조카가 소식을 듣고 왔고 날이 새자 엄마도 오셨다. 난 엄마의 손을 잡아끌어 아버지의 손을 잡게 해주면서 "엄마, 아버지에게 뭐라고 말 좀 해봐" 하고는 엄마가 말하기를 기다렸다.

난 많이 안타까웠다. 아버지가 생사의 기로에 있는데도 엄마는 아버지에게 아무 말도 하지 못하고 가만히 보고만 계셨다. 가슴에 담아 둔 말이 많을 터인데... 나는 마음이 조급했다. 잠시 적막이 흐른 후

엄마는 아버지의 손을 잡은 채 "고생 그만하고 이제 편히 가셔야지" 하셨다. 내가 기대했던 말은 아니었다. 엄마의 그 말씀을 들으며 난 약간 상심이 되었다. 왜냐하면 내가 생각하고 바라는 바가 나타나지 않았기 때문이었다. 그러나 막상 아버지가 돌아가시자 엄마는 통곡을 하셨다. 그리고 아버지에게 마지막 예를 다하셨다. 그 모습을 보면서 너무 감동을 받았다. 그 모습은 너무 아름다웠다. 난 엄마의 뒷모습을 보면서 저렇게 가녀린 여인의 어디에서 그렇게 강한 삶의 생명력이 있었는지 감히 헤아릴 수가 없었다. 나약한 아버지마저도 품고 온 엄마의 생명력.

20세 꽃다운 나이에 아버지와 결혼한 엄마에게 삶은 녹록치 않았다. 시집살이와 남편의 외도, 학대 그리고 극심한 가난과 다섯 자녀까지. 감당하기 힘든 삶의 무거운 짐이 엄마에게 큰 고통을 안겨주었다. 포기할 수도 있었지만 포기하지 않고 엄마는 자녀들의 울타리가 되어주고 기둥이 되어서 여기까지 오셨다.

내과 전문의가 나를 부르더니 아버지 상태를 다시 한 번 설명을 해주면서 아버지에게 지금 할 수 있는 것은 아무것도 없다고 했다. 중환자실에 가는 것도 큰 의미가 없다고 했다. 더 이상의 치료를 원치 않는 경우 사인하라고 했다. 무슨 말인지 충분히 알아들을 수 있었다.

사인을 했다. 그리고는 아버지를 가족들과 함께 있을 수 있도록 병실로 올려 보내 주었다. 감사했다. 새벽에 왔던 가족들은 다들 돌아갔고 나중에 온 막내 올케와 난 아버지를 모시고 병실로 올라갔다.

올라가니 간호사들이 "오병희 할아버지 또 오셨네" 하는 소리가 들렸다. 의사는 나를 복도로 부르더니

"압박 산소마스크를 하면 시간을 조금은 연장할 수 있는데 하려면 지금 해야 합니다. 시간 지나면 할 수 없어요. 그리고 한 번 하면 인위적으로 뗄 수는 없습니다" 라고 했다.

"그럼, 그것을 하고도 환자와 대화할 수 있나요?"

"대화는 못합니다."

난 아버지와 대화할 수 있는 쪽으로 택했다. 같이 있던 막내 올

케도 볼일이 있어 돌아갔고 병실엔 나와 아버지 둘만 남았다. 아버지 산소마스크를 쓰고 있었지만 호흡하기가 얼마나 힘든지 등을 땀으로 다 적셨다. 온 힘을 다하여 호흡을 하고 있었다.

난 그런 아버지 옆에서

"아버지, 사랑해."

"고마워요."

"수고했어요."

계속해서 말했다. 나도 모르게 그렇게 저절로 내 입에서 나왔다. 지금까지 살면서 한 번도 하지 않았던 말이다. 난 하고 또 하고 수없이 고백했다. 아버진 가슴을 만지시면서

"여기가 답답혀. 숨이 안 셔져."

"나 죽으려나 봐."

난 아버지의 눈을 바라보면서

"아버지, 죽으러 가는 것이 아니고 이제 쉬러 가는 거야. 하나님이 아버지를 만드셨고 이제 때가 되어 하나님 아버지께로 돌아가는 거야. 하나님이 이제 오너라 하시는 거야."

"언제 가?"

꼭 어린아이가 엄마에게 묻는 것처럼 아버진 나를 똑바로 보시며 물으셨다. 난 그때 보았다. 죽음을 앞둔 사람의 표정을. 꼭 어린아이 같은 표정을. 죽음 앞에선 아무것도 필요가 없었다. 오직 나와 하나님뿐임을 그때 난 보았다.

"오늘 내일 갈 거야"

'수고하고 무거운 짐 진 자들아 다 내게로 오라'고 하나님이 말씀 하

셨어. 아버지 그동안 수고 많이 했잖아. 이젠 그 모든 수고와 짐을 다 내려놓고 쉬러 갈 때가 됐어."

"언제가?"

아버진 어린아이 같이 다시 물으셨다.

"이제 가야해. 아버지 나를 따라 해봐. 하나님 아버지, 이제 내가 아버지께로 갑니다. 나를 받아 주시고 내 영혼을 주께 부탁합니다. 예수님, 예수님이 나의 죄를 위해 십자가에 죽으심으로 내가 구원을 받았습니다. 아멘!"

아버진 숨을 한 번 쉬기가 그렇게 힘든 상황에서 그 문장들을 다 따라하셨다. 물론 나도 천천히 아버지가 하실 수 있도록 하기는 했지만. 아버진 나를 똑바로 바라보시며 한 단어도 떨어뜨리지 않고 있는 힘을 다해 하셨다. 그건 기적이라고밖에 볼 수 없었다. 그런 아버지를 위해서 계속 찬송을 불러드리고 생각나는 성경 말씀을 아버지에게 들려드리며 설명을 해드렸다.

주로 "나는 부활이요 생명이니 나를 믿는 자는 죽어도 살겠고 무릇 살아서 나를 믿는 자는 영원히 죽지 아니하리니 이것을 네가 믿느냐"(요한복음 11:25-26)와 "내가 사망의 음침한 골짜기도 다닐지라도 해를 두려워하지 않을 것은 주께서 나와 함께하심이라"(시편 23:4)와 "두려워하지 말며 놀라지 말라 네가 어디로 가든지 네 하나님 여호와가 너와 함께 하느니라(여호수아 1:9) 등이었다.

지금은 다 생각이 나지 않는다. 그러다 다시 찬양을 불러드리며 아버지가 불안해하지 않고 평안히 소망 가운데 가실 수 있도록 도와 드렸다.

"아버지, 먼저 가세요. 천국에서 우리 다시 만나요."

"또 만나?"

아버진 나를 보면서 또렷하게 물었다.

"네, 아버지! 또 만나요."

점심때가 되자 작은 오빠가 도착하고 제주도에 가 있었던 큰 오빠도 왔다. 둘은 잠시 머물다가는 장지를 보러 가야 한다며 병실 문을 나섰다. 큰 오빠는 나가다 다시 돌아서서는 "아버지가 호흡이 많이 힘드시구나" 하면서 아버지의 손을 한 번 꼭 잡아주고 바삐 떠났다. 시간은 속절없이 흐르고 있었다.

잠시 집에 들르셨던 엄마도 다시 병실로 돌아오셨다. 아버진 산소마스크를 하고 있어도 숨이 차니 계속해서 그것을 벗으려고 하셨다. 그래서 난 앉아 있지도 못하고 계속 서서 아버지를 지켜보고 있노라니 다리는 퉁퉁 부어서 입고 있는 바지가 터질 것만 같았다. 그리고 너무 피곤하니 입맛이 없어서 뭘 먹을 수도 마실 수도 없었다.

"나 좀 옆으로 뉘어줘."

숨을 쉬기가 힘든 아버진 옆으로 뉘어 달라고 하셨다.

2-3차례 이쪽저쪽으로 뉘어드렸다.

"나 좀 세워줘."

다시 아버진 계속 숨쉬는 것이 힘드니 세워 달라고 하셨다.

그러나 이것이 아버지의 마지막 말씀이 되었다. 침대를 조금 올려 드리자 아버지는 주무시는 듯이 보였다. 이 모습을 보면서 나와 엄마는 아버지를 다시 편안하게 뉘어드렸다. 아버지가 주무시는 줄 알았다. 맥박수가 조금 떨어지는 것이 마음에 걸리긴 했지만 '괜찮겠지' 생각했다. 아버지가 그날을 넘기실 줄 알았다.

"엄마, 나 잠깐 나가서 밥 먹고 올게. 아버지 잘 봐" 하고는 밖으로 나갔다.

그런데 나가서 밥을 다 먹어갈 즈음이었다. 전화벨이 울리더니 엄마의 다급한 목소리가 들렸다. "큰일 났다. 빨리 오너라" 하셨다. 난 벌떡 일어나 병원으로 뛰었지만 다리가 풀려서 걸어지지가 않았다. 간신히 병실에 들어가니 간호사들이 아버지의 몸에 붙어 있던 의료 기기들을 떼어 내고 있었다.

"아버지, 돌아가셨나요?"

울먹이며 내가 묻자

"아직 귀로는 들으실 수 있으니 말하세요."

"아버지, 사랑해요. 고마워요. 수고했어요."

말하고는 아버지를 붙들고 통곡을 했다. 아직 따뜻한 아버지의 얼굴에 내 얼굴을 대고 마구 비볐다. 그리고는 손으로 아버지의 얼굴을 많이 쓰다듬어 드렸다. 내 손으로 아버지의 마지막 주사 바늘을 빼드리고 기저귀도 갈아드렸다. 엄마와 함께 굳은 다리가 조금이라도 펴질 수 있도록 계속해서 주물러드리고 몸을 가지런히 해드렸다.

그러나 아버지의 마지막 임종을 지켜보지 못했다는 마음에 난 많이 안타까웠다.

"엄마, 아버지 돌아가시기 전 눈 떴어? 엄마 얼굴 봤어? 무슨 말 했어?"

"아니, 눈두 안뜨구. 아무 말도 없었어. 너 나갈 때 모습 그대로 있다가 마지막 숨을 휴~하고 쉬시더니 돌아가셨어."

엄마는 기계에서 소리가 나면서 숫자가 계속 떨어지는 것을 보고는 놀라서 간호사에게 달려가 말했더니 의사가 오고 돌아가실 것 같으니 올 수 있는 가족들에게 빨리 연락하라고 해서 내게 전화를 했다고 하셨다.

아버진 평소에 주무시듯이 그렇게 가셨다. 편안해 보이셨다. 한평생 고락을 같이한 엄마가 지켜보시는 가운데 그렇게 가셨다. 아름답고 화창한 가을날 오후에 이 땅에서의 모든 수고와 짐을 내려놓고 쉬러 가셨다. 나에게 아버지는 주무시는 아버지로 가슴에 남아 있다. 이찬우 목사님 집례로 드려진 위로예배를 통하여 나는 다시 한 번 하나님이 주시는 위로와 큰 기쁨을 경험할 수 있었다. 찬송가 '잠시 세상에 내가 살면서'를 부를 때는 소리 높여 불렀다. 그 후로도 한동안 난 그 찬송을 부르고 또 불렀다.

7장
아버지의 선물

선물이 된 아버지의 사랑

인천에 사는 조카가 아주 어릴 때이다.

아마 3~4살쯤 되었을 것이다. 어버이날을 맞이하여 인천에 사는 동생네 가족들이 집을 찾았다. 큰 오빠 집에서 식사가 있는데 가기 전 먼저 들렀다. 난 조카에게 그림을 그릴 수 있는 작은 화첩을 어린이날 선물로 주었다. 조카와 함께 차를 타려고 우리는 밖으로 나가고 있었다. 조카는 화첩을 든 손을 번쩍 들더니 "야, 신난다" 하면서 얼굴엔 함박웃음을 짓고 기쁨이 가득한 얼굴로 자동차를 향하여 달려갔다.

차를 탄 후에도 조카는 그 화첩을 손에 들고 서 있었다. 아주 즐거워하는 모습으로. 그 작은 선물 하나로 그렇게 좋아하는 조카를 보면서 우리는 함께 웃고 즐거워했다.

난 이제야 '하나님 아버지의 사랑'이 나에게 주시는 '아버지의 선물'이라는 것을 알게 되었다. 값없이 주시는 선물. 보답하지 않아도 되는 선물이라는 것을. 이것을 깨달은 것은 나에게는 놀라운 기쁨이었다.

"아! 그렇구나! 선물이구나!"

깨닫는 순간 큰 기쁨이 나를 덮는 것을 경험할 수 있었다. 어떻게 해서 깨닫게 되었는지는 모르겠다. 어느 순간 그냥 그렇게 깨달아졌다.

자라면서 아버지의 선물을 받아본 경험이 없고 충분한 사랑과 돌봄을 받아보지 못한 난 이것을 몰라서 그동안 탈진과 회복을 반복했었다. 사랑을 갚으려고, 보답하려고 했다. 돌이켜보니 난 그런 엄청난 선물을 받기에는 자격이 없다고 생각했다. 난 늘 사랑받기에 부족한 사람이라고 생각했다. 감히 그럴 수 없다고, 그럴만한 가치가 없다고 생각했던 것 같다. 물론 머리로는 하나님 아버지의 사랑을 받기에 충분한 그분의 자녀라는 것을 알고 있었지만 삶으로는 종같이 하인같이 살았다.

잭 윈터(Jack Winter) 목사님은 《《아버지의 집으로》》에서 "사랑이란 관계에서 흘러나오는 것이다"(p113)라고 말했다.

내게 아버지가 필요했던 어린 시절에는 아버지가 없었다. 보호해주고, 지켜주고, 같이 있어 주고, 사랑해 주고, 내가 누군지 말해주고, 지지해주고, 삶을 가르쳐주고, 필요를 채워주고, 꿈을 꾸게 해줄 그런 아버지가 필요했다. 나도 아버지가 있다고 자랑할 수 있는 그런 아버지가 아니라 두려움과 고통과 수치감을 주는 아버지였다. 자라면서 한 번도 아버지 이야기를 누군가에게 말한 적이 없다.

그런 나에게 새로운 아버지가 찾아오셨다. 사랑으로. 좌절과 절망 가운데 있던 나에게 소망과 생명으로. 그리고 지금까지 나를 돌봐주시고, 인도해 주시고, 함께해 주시고, 무엇보다도 나를 나 자신이 될 수 있게 해주시는 하나님 아버지이시다. 이 아버지가 나를 회복시키고 새롭게 하셔서 인생의 실패와 좌절과 질병으로 몸과 마음이 병들어 있는 육신의 아버지에게 보내 주셨다.

오랫동안 아버지의 손과 발이 되어 드렸다. 그냥 곁에 있었다. 그리고 함께 웃고, 울고, 나누었다. 그리고 그 보답은 사랑으로 돌아왔다. 하지만 그때는 몰랐다. 아버지가 떠나기 전 나는 마음이 많이 슬프고 힘들었다. 그러나 아버지가 돌아가신 후에는 마음에 큰 기쁨이 찾아오는 것을 경험하였다.

그제야 아버지는 내게 가슴 가득 사랑을 남겨주고 떠나신 것을 알게 되었다. 그 사랑으로 내 가슴은 터질 것 같았다. 그 사랑은 아버지가 내게 남겨준 값진 선물이고 아름다운 유산이었다.

어느 날 인천에서 예배를 드리고 한 전도사님과 대화를 하면서 같이 차를 타고 오고 있었다. 이야기 끝에 그 전도사님은
"아버님이 남겨 주신 것이 없잖아요?"
"물질적으론 받은 것은 없지만 사랑을 남겨 주시고 가셨어요. 그게 제게는 유산이예요."
조용하지만 당당히 난 말할 수 있었다.
아버지를 사랑하고 섬김으로 난 누군가를 사랑할 수 있는 힘을 얻었다. 사랑함을 통하여 사랑을 배웠다. 죽을힘을 다해 아버지를

섬겨 드렸다. 그것은 아버지를 향한 하나님의 사랑이었다. 죽을 만큼 우리를 사랑하시는 하나님 아버지의 사랑. 그 아버지가 이 시간 그립고 감사하다.

막냇동생은 늦게 결혼을 하였다.

하루는 동생이 마지막으로 집에서 자기 책을 가지고 가기 위해 문 앞에 쭉 쌓아놓고 있었다. 이것을 보신 아버지는 약간 얼굴을 찡그리시면서 심기가 불편하신 듯

"연수야, 이루 와봐. 너 왜 막내 내쫓니?"

"아버지, 안 내쫓았어. 아버지 막내아들 결혼해서 이제 집을 떠나는 거야."

"왜 나가 살어. 여기서 살지."

"왜 막내 내쫓니?"

아버지는 다시 나를 보면서 물으셨다.

막내가 모든 짐을 가지고 나가자 아버지는 엉금엉금 현관 쪽으로 가셨다.

"아버지, 어디 가셔?"

"막내네 가서 살려고."

막내가 집을 나가는 것을 보신 아버지는 못내 섭섭해 하시고 아쉬운 모습이었다. 그 후로도 한동안 아버지는 막내를 찾으셨다. 왜 막내를 내쫓았는지, 집에 왜 들어오지 않는지를 반복해서 물으셨다. 기다리시는 것 같았다.

평생 자녀들에게 당신의 마음을 표현하신 적이 없으신 아버지이

신데, 오랫동안 막내와 함께 있었던 것 자체로 정이 많이 들은 것 같았다. 전혀 자식에 대한 애착이 없는 줄 알았는데 아버지도 여느 아버지와 다를 바 없는 자식을 사랑하는 아버지였다.

하루는 피곤해서 잠시 누워 있는데 '한 알의 밀알이 썩는다는 것이 이런 거구나!' 마음 깊이 느껴졌다.
세상에서는 사랑받고 존경받을 만한 조건을 갖추고 있어야만 사랑하고 존경한다. 가족도 크게 다르지 않다고 생각한다. 그러나 아버지를 돌보면서 나는 변해가고 있었다. 아버지는 사랑받고 존경받을 만한 아무런 외적인 조건이 없을 뿐만 아니라 끊임없이 관심을 가지고 돌보아야 하는 대상이었다.
몇 번이나 아버지를 떠나 멀리 가려고 시도를 했었다. 한국을 떠나 먼 외국으로 나가려고 했다. 그러나 무슨 일인지 이런저런 이유로 그때마다 문이 열리지 않았다. 그렇다고 무작정 떠나는 것도 아닌 것 같았다. 외롭고, 힘들고, 고단한 나 자신과의 긴 씨름이었다. 그리고 그것은 한 사람에 대한 헌신이 요구되어지는 일이었다.
그런데 아버지를 돌보고 섬기는 사이 하나님은 마치 아름다운 선물 상자가 차곡차곡 쌓이듯 그렇게 내 마음을 사랑으로 채워가고 있었다. 그 상자 안에는 또한 '사랑은 오래 참고 견디며' 라는 선물들도 함께 들어있었다. 이제야 믿음, 소망, 사랑 그중에 제일은 사랑이라는 성경 말씀이 무슨 뜻인지, 다는 모르지만 조금은 알 것 같다. 그 가치도.
어느 날 나는 혼자인 것 같은 마음이 들었다.

약간은 마음이 우울하고 낙심이 되었다. 하나님은 도대체 나를 기억이나 하고 있는지 의구심마저 들었다. 그리고 사람들은 다 앞으로 앞으로 가고 있는데 나만 홀로 이렇게 오도 가도 못하고 가만히 서 있는 것 같았다. 정확히 말하자면 어디에 갇혀 있는 것 같은 느낌이었다.

그때였다. 갑자기 전화벨이 울려서 받아보니 "연수야, 나 명순이." 반가운 목소리가 들려왔다. 스웨덴에서 걸려온 국제 전화였다.

"요즘 네 생각이 많이 나서 전화했어. 잘 지내니?"

얼마나 위로가 되는지. 그 한 통의 전화는

'넌 혼자가 아니야. 내가 너를 잊지 않고 있어. 내가 너를 기억하고 있어'라는 하나님의 음성과 사랑이었다. 그 한 통의 전화로 난 다시 힘을 얻었다. 병들고, 약하고, 은혜와 돌봄이 필요한 한 사람을 돌볼 수 있는 힘을.

어느 추석 전날이었다.

대전에서 올라오고 있었다. 그런데 집으로 오는 마음이 왠지 기쁘지가 않았다. 집에 온다고 누가 나를 기다려 주는 것도, 반갑게 맞이해 주는 사람도 없었다. 올라오고 싶지도 않고 마음이 우울했다. 그런 마음으로 집으로 돌아와 조금 있으려니 전화벨이 울렸다.

받아보니 언제나 반가운 사랑하는 성혜의 목소리였다.

"저 성혜예요."

우린 서로 반갑게 수다를 떨었다. 한참 수다를 떨고 있는데 성혜가 갑자기 "제게 검정색 가방이 하나 있는데 혹시 원하시면 드리고 싶어요. 새 가방이에요. 잘 어울이실 것 같아요"라고 했다.

성혜와 통화를 하고 나니 갑자기 어디서 그런 기쁨과 힘이 나는지 좀 전의 우울했던 난 온데간데 없었다. 성혜를 통하여 보여주시는 하나님의 사랑과 위로로 내 마음은 기쁨의 춤을 추고 있었다. 가방도 가방이지만 성혜를 통하여 나를 기억해 주시는 하나님의 사랑이 가슴 가득 와 닿았다.

어느 봄날이었다.
부산에 사는 아는 언니에게서 전화가 왔다.
"연수야, 바람 쏘이러 부산에 내려올래?"
부산에 한 번 내려오라고 했다.
힘들 때마다 가끔 통화하는 언니였다. 그 언니는 식물인간으로 누워 있는 시어머니를 2년 동안이나 집에서 돌본 존경하는 언니다.
두말할 것 없이 난 다음날 즐거운 마음으로 어린아이가 소풍가듯이 그렇게 부산으로 내려갔다. 떠나는 마음이 새털같이 가벼웠다. 집을 떠나니 집 생각이 거짓말같이 하나도 나지 않았다. 아버지에 대한 부담감으로부터 완전히 해방된 느낌이었다. 집을 떠나는 것 자체가 쉼이었다.
우린 바다가 보이는 해운대의 한 숙소에서 늦은 밤까지 수다를 떨며 깔깔거리고 웃었다. 늦게까지 자고 아름다운 해운대 신시가지를 둘이서 걸었다. 외국에 온 느낌이었다.
그런 다음 유람선을 타고 오륙도 섬을 도는데 5월, 한낮의 뜨거운 햇볕이 내려 쬐었지만 시원한 바람과 푸른 바다의 내음을 맡으며 부산의 아름다움을 맘껏 누렸다. 1박 2일의 짧은 시간이었지만 나를 위해 시간을 내주고 섬겨준 그 언니의 사랑을 가슴 가득 안고 집으로 돌아왔다.

언제부터인가 유채가 핀 제주의 봄을 보고 싶었다.
이 마음이 전해져 제주에 있던 한 언니가 내려오라고 했다.
"연수야, 유채 보려면 중순쯤 내려와."
유채가 아름답게 핀 4월의 제주였다.
가보니 제주가 온통 유채로 노랗게 뒤덮여 있었다. 유채 때문에 내 마음까지도 노랗게 물드는 것 같았다. 그 언니는 바다가 훤히 보이는 곳에서 살고 있었다. 그곳에서 일주일을 보냈다.
우린 언니의 빨간 차를 타고 이곳저곳 제주의 맛집도 돌아다니고, 잣나무 숲도 거닐고, 고사리도 꺾고, 밤이면 해변의 찻집에서 따뜻한 차를 마시면서 수다를 떨기도 했다.
하루는 중문에 갔다 밤늦게 집으로 돌아오고 있었다.
그런데 문득 하늘을 보니 둥근 달이 휘영청 높이 떠 있었다. 고요한 제주의 밤길을 달빛의 안내를 받으며 우리 차만 도로 위를 달리고 있었다.
"언니, 너무 아름답다. 저 하늘 좀 봐."
"그래, 우리 여기 잠시 멈추었다 가자."
우리는 달리던 차를 잠시 멈추고 제주의 아름다운 밤을 온 몸으로 느껴보았다. 집으로 돌아오는 길에
"연수야, 이거 엄마 가져다 드려."

그 언니는 우리가 손수 꺾었던 고사리를 삶아 말렸다가 챙겨 주었다.

어느 여름이었다.

늦은 나이에 주중엔 공부하고 주말이면 아버지를 챙기고 있었다. 이렇게 3개월이 지나자 난 너무 지쳐서 밥도 먹기가 힘들었다. 어디 가서 쉬고 싶었다. 쉴 곳을 찾았다. 어디를 가면 쉴 수 있을까 생각하는데 오사카의 영옥이 생각났다.

"영옥아, 내가 많이 피곤하고 지쳐 있어서 어디 가서 쉬고 싶은데 혹시 너한테 가도 되니?"

전화를 거니 흔쾌히 오라고 했다. 난 대충 가방을 챙겨 오사카로 날아갔다. 영옥이 집에 도착하니

"언니, 언니 위해서 커튼 새로 해 달았어."

"이 꽃은 언니가 온다니까 친구가 선물로 해준 거야."

식탁의 꽃을 보여 주었다. 나에 대한 영옥이의 생각과 배려에 진한 감동이 가슴 깊이 밀려왔다. 처음 며칠 동안은 많이 잤다. 자다가 배가 고프면 일어나 먹고는 또 잤다. 그렇게 3일이 지난 다음 날 아침이었다. 일어나자마자 난 허기를 느껴

"영옥아, 배고프다 밥 먹자."

"아이고 언니, 살았네. 그동안은 언니가 나오면 귀신 나오는 줄 알았어."

이때부터 영옥이는 날마다 나를 데리고 밖으로 나갔다. 맛집을 찾아다녔다. 그런 영옥이의 섬김 때문에 난 그만 울고 말았다. 영옥

이를 통해서 내게 전해지는 하나님의 사랑에 너무 감동이 되었다. 돌보고, 쉬게 하고, 위로하시는 아버지의 사랑을 가득 안고 집으로 돌아오는 길에 영옥이는 선물을 챙겨주는 것도 잊지 않았다.

잭원터 목사님은 "사랑은 선물이지 일에 대한 보상이 아니다"라고 하셨다(《《아버지의 집으로》, p118). 자라면서 선물을 받아본 경험이 많지 않고 사랑이 일에 대한 보상인 줄 알고 있었던 난 늘 일에 관심이 있었다. 사랑받으려면 좀 더 잘해야 하고 좀 더 나아야 한다는 생각이 늘 내 마음 안에 자리하고 있었다. 그리고 항상 나의 부족한 부분만 보였다. 이제야 일을 통하여 나를 증명하고자 했던 것으로부터 난 자유하게 되었다. 달리는 말에게 채찍질하는 주인처럼 나를 몰아붙이던 것에서 손을 놓게 되었다. 이제야 비로소 마음에 쉼이 찾아온 것 같다.

하나님은 나에게 아버지의 딸이 되는 것을 가르쳐 주시려고 오랫동안 아버지에게 묶어 놓았다는 것을 이제야 비로소 깨닫게 되었다. 그것은 아버지에게도 나에게도 꼭 필요한 시간이었다.
'그것을 아는 데 그렇게 오랜 시간이 걸렸어야 했나!'
순간 눈물이 핑 돌았지만 잠시 후 내 안에서 "할렐루야!"가 저절로 터져 나왔다. 얼마나 기쁜지 덩실덩실 춤을 추고 싶었다.
'그럼, 나는 뭔가?'
아버지가 돌아가신 후 잠시나마 시간을 낭비한 것 같고 내 인생을 살지 못한 바보 같은 사람이라고 생각하며 후회되고 안타깝던 마음이 한순간에 싹 사라지는 시간이었다.

가슴이 쫙 펴지고 두 손이 번쩍 하늘을 향해 올라가며 기쁨의 환호성을 질렀다.

"야호! 할렐루야! 그렇구나! 아버지의 딸이 되는 것을 가르쳐 주시기를 원하셨구나!"

깊은 희열이 가슴속 깊은 곳에서부터 올라왔다. 얼마나 놀라운지. 아버지와 딸의 친밀한 관계를 회복시켜 주시고, 그리고 그 안에서 사랑을 주고받게 하신 하나님 아버지께 감사한다. 그것은 내게 꼭 필요하고 세상에서 가장 아름답고 귀한 아버지의 선물이었다. 깊은 밤을 지새우며 깨닫게 하신 하나님의 놀라운 은혜로 인하여 난 콧노래를 불렀다.

보석이 된 나의 상실감

YWAM(Youth With A Mission)에서 제자 훈련을 받고 있을 때이다. 어느 날이었다. 하루는 강사가 "당신은 하나님께서 신묘막측하게 지으셨습니다" 라고 두 사람씩 서로 고백을 하라고 했다. 이 말은 하나님이 우리를 아주 놀랍게, 아름답게 지었다는 말이다. 갑자기 강의실이 웅성웅성 하면서 사람들이 서로 고백하기 시작했다. 나도 고백했다. 그리고 상대방이 나에게도 이 고백을 해주었다. 그런데 난 그 고백을 들으면서 웃었다. 감사하고 기뻐서 웃는 웃음이 아니라 처음으로 들어보는 그 말이 좀 어이가 없어서 웃는 웃음이었다.

허탈한 웃음이라고 할까 그런 거였다. 그 말씀이 믿어지지 않는다는 그런 의미의 웃음이었다.

자라면서 방치되고, 욕구가 거절되고 거부되는 환경에서 자라고 성장한 난 내가 누구인지 알 수 없었다. 내가 누구인지 모르니 그때 그때 상황에 따라 행동하고 충동적이며 꿈이 없었다. 이런 내가 누구인지를 알게 된 것은 예수님을 믿고 성경 말씀을 통해서이다.

"내 마음에 기뻐하는 나의 택한 사람"(이사야 42:1)

"나의 사랑 나의 어여쁜 자"(아가 2:10)

"내가 너를 지으며 너를 모태에서 조성하고"(이사야 44:2)

"나는 여호와 보시기에 존귀한 자라"(이사야 49:5)

"신랑이 신부를 기뻐함같이 네 하나님이 너를 기뻐하시리라"(이사야 62:5)

"내가 너를 보배롭고 존귀하게 여기고 너를 사랑하였은즉"(이사야 42:4)

"내가 너를 지명하여 불렀나니 너는 내 것이라"(이사야 43:1)

이외에도 성경에는 내가 누구인지, 나의 가치가 어떤 것인지, 그리고 나는 무엇을 위하여 어디로 가고 있는지 등이 분명하게 나와 있었다. 그제서야 내가 세상에 그냥 태어난 것이 우연이 아니라는 것을 알게 되었다. 나의 가치가 느껴지기 시작하니 나를 사랑하게 되었다.

난 오랫동안 후회 속에서 살았다. 특별히 '만약 내가 여상만 가지 않았으면 내 인생은 달라졌을 텐데' 하는 생각이 평생 나를 따라다녔다. 그것만 생각하면 마음에서 화가 나고 힘들었다. 나 자신에게 화가 나고 내 생각과 의견을 물어보지 않은 가족들에 대해 화가 났다. 인정하고 싶지 않지만 원망하는 마음이 있다는 것도 알게 되었다. 현재의 나를 받아들이고 인정할 수 없어서 내가 나를 어떻게 바꿔 보려고, 변화시켜 보려고 했다. 그러나 이제 이 모든 것들이 다 하나님의 섭리 안에 있었다는 것을 알게 된다. 마치 진주가 조개의 상처를 통하여 만들어지는 것처럼.

마땅히 받아야 했지만 받지 못하고, 있어야 했지만 없었던 것으로 인한 상실감과 좌절감, 그리고 이로 인한 고통과 분노, 깨어지고 부서졌던 마음들, 두려웠던 순간들, 혼자서 느꼈던 외로움과 슬픔, 이러한 모든 것들이 이제는 성경에 나와 있는 말씀처럼 '약 재료'라는 것도 알게 되었다. 이제야 감사한 마음이 든다. 비로소 내 삶이 보석임을 깨닫게 되었다.

내 존재 자체로서인 보석. 버릴 것이 하나도 없는. 알알이 다 보석이라는 것을. 이것을 알게 되니 마음 깊은 곳에서부터 희열이 샘솟듯 올라왔다.

"할렐루야!"가 터져 나왔다.

마치 사막에서 샘물이 솟아나는 것 같았다.

"그렇구나, 난 보석이구나!"

"난 보석이다."

"난 보석이다."

스스로 나 자신에게, 내 마음에, 내 귀에 들리게 큰 소리로 말해

주었다. 흩어져 있던 보석이 하나로 꿰매어지는 느낌이었다. 부산에 있는 한 친한 언니에게 전화를 걸었다. 목소리를 높여서

"언니, 난 이제야 알았어. 내가 보석이라는 것을. 하나도 버릴 것이 없는 다 알알이 보석이야."

"그래, 연수야! 놀랍다."

그 언니도 내 말에 감격이 되어 같이 목소리를 높여서 함께 기뻐해 주었다.

한동안 기뻤다. 내가 보석이라는 것이 뼛속 깊이 느껴졌다.

성경 아가서를 1장을 보면 한 여인이 나온다.

술람미 여인이다. 자신이 비록 일광에 쬐어서 검으나 아름답다고 고백하는 여인이다. 그녀는 자신이 검은 것은 자신의 오라비들이 자기를 노하여 포도원지기로 밖으로 내보냈기 때문이라고 말하고 있다. 자신은 원치 않았지만 할 수 없이 했던 것 같다. 지중해의 뜨거운 태양 아래서 온종일 땀 흘리며 수고했을 것이다. 그러나 이 여인은 그로 인해 비록 검게 그을렸으나 그것으로 인해 오라비들을 원망하지는 않는다. 오히려 당당히 난 아름다운 여인이라고 말하고 있다.

이제야 나도 햇볕에 그을린 내 삶이지만 아름답다는 고백이 나온다. 인생의 뜨거운 햇볕에 나가면 그을리지 않을 사람이 누가 있을까! 원수는 우리를 인생의 뜨거운 햇볕 한가운데로 몰아넣고 망가뜨리고 파괴시켜려 하지만, 하나님 아버지는 우리의 검게 그을린 얼굴, 거칠어진 손을 아름답다고 하시는 것 같다.

미성숙한 부모님의 말과 행동, 그리고 어려운 환경으로 인하여 자신을 지키고 보호할 힘이 없던 어린 나는 마음에 많은 상처를 받으며 자랐다. 그리고 이제 오랜 세월이 흘러 그 부모님과의 사랑을 회복하게 하신 하나님께 감사한다. 부모님께 감사한다. 어려서 받지 못한 아버지의 충분한 사랑을 늦게나마 충분히 받았다. 그리고 특별히 엄마의 헌신적인 사랑이 없었다면 아마도 현재의 우리 가족은 없었을 것이다. 자라면서 많이 약했던 내게는 더더욱 그랬다. 연약한 딸을 위해 엄마는 엄마가 하실 수 있는 모든 것을 다 해 주셨다.

초등학교 다닐 때이다. 어느 날 밤에 갑자기 엄마가 나를 부엌에서 목욕을 시켜 주셨다. 다음날 나를 병원에 데리고 가기 위해서. 엄마와 병원에 같이 가서 내 차례가 오기를 기다리던 순간이 기억난다. 한번은 몸에 두드러기가 나서 가려워하는 나를 위해 뭔가를 몸에 발라 주셨던 엄마의 손길도 기억한다. 난 초등학교시절의 사진이 여러 장 있다. 동생들도 없고 오빠들도 없는 사진이다. 다 흑백 사진이다.

"연수야, 사진 찍고 오너라."

어느 날 엄마가 싸주신 김밥을 받아들고 즐거운 마음으로 소풍을 가는 나의 등 뒤에 대고 엄마는 큰 소리로 말씀하셨다. 엄마의 그 말씀을 들은 후부터 난 사진을 찍기 시작했다. 졸업식에도 엄마는 바쁜 일손을 놓고 참석하셨다. 병원에 입원해 있던 나를 위해 맛있는 밥을 찬합에 담아 오셔서 누워 있던 나에게 먹여 주셨던 엄마의 사랑이 내 가슴에 있다.

내가 원하는 때 원하는 모양의 사랑은 많이 적었지만 엄마는 엄마만의 방식으로 나를 사랑하고 자식들을 사랑하셨다.

엄마와 나는 많이 다르다. 엄마는 아주 현실적이고 이성적이시다. 난 감성적이고 비현실적이다. 그러나 이제 엄마의 그 다름을 인정하고 받아들이고 섬길 수 있게 되었다. 또한 그동안 나로 하여금 현재를 살지 못하고 과거라는 감옥에 갇혀 살게 했던 상처와 상실감을 나의 삶의 한 부분으로 받아들이며 있는 모습 그대로의 나를 사랑한다. 이 사랑 안에 자유가 있음을 느낀다. 상한 갈대와 같고 영혼이 진토에 붙어 있는 것과 같았던 나를 하나님 아버지는 크신 사랑과 위로하심으로 찾아오셔서 치유하시고 회복시키셔서 세상을 향해 일어설 힘을 주셨다. 나를 일으키신 분이 하나님 아버지이시다.

그분이 내게 슬픔 대신에 화관을 씌워 주셨고 희락과 찬송의 옷을 입혀주셨다. 이 어찌 놀라운 하나님의 은혜가 아닌가! 그저 감사할 따름이다. 그분 안에 우리의 치유와 회복이 있다.

하와이 코나 열방대학(University of the Nations) 가정상담학교를 섬기고 있을 때이다. 난 일주일에 한 번씩 그곳 상담학교에서 한 시간씩 중보기도를 인도하고 있었다. 하루는 이사야 61장 1-3절의 말씀을 가지고 기도를 인도하고 있었다. 학생들에게 티셔츠 두 장씩을 가져 오라고 했다. 그리고 하나의 옷에는 자신이 벗고 싶은 것을 쓰고 다른 하나의 옷에는 자신이 입고 싶은 것을 쓰라고 했다. 그리고 입고 벗을 때마다 큰 소리로 선포하면서 기도하는 시간을 가지고 있었다.

그런데 그중에 한 학생이 울기 시작하더니 한 시간 내내 울었다. 무엇 때문에 그렇게 우는지는 알 수 없었지만 그 학생이 그렇게 우는 건 굉장히 뜻밖이었다. 그리고 중요한 건 그 시간 이후 그 학생의 태도의 변화였다. 그 시간에 무슨 일이 그 학생에게 일어났는지는 알 수 없었지만 부드러워지고, 말하는 태도가 변하고, 사람이 달라지기 시작한 것이다. 우리는 보면서 그저 놀랄 뿐이었다.

젊은 나이에 먼저 천국으로 간 내가 많이 아끼고 사랑했던 너무나 착하디 착한 전도사님 사모님이 있었다. 이 사모님은 어려서 일찍 엄마가 돌아가시고 자라면서 잘 돌봄을 받지 못해 한쪽 눈이 보이지 않았다. 난 그런 사모님이 많이 안타까웠다. 마음이 많이 갔다. 이런 내 마음이 전해졌는지 그분도 나를 많이 따르고 좋아했다. 내게 아낌없이 사랑을 주었다. 과분하리만치.

그러나 평생 행복하게 살아도 모자람이 없는 그분에게 불행이 찾아왔다. 암이라는 찾아오지 말아야 할 불치병이 찾아온 것이다. 소천하기 한 달 전 난 암으로 투병중인 강원도의 집을 방문했었다. 그때는 이미 혼자 힘으로는 화장실도 갈 수 없고 몇 순가락의 미음조차도 잘 먹을 수 없던 때였다. 뼈만 앙상한 모습은 차마 눈으로 보기가 힘들었다.

저녁에 사모님과 둘이서 방에 있으면서 이런 저런 이야기를 나누던 중

"성경 읽어 줄까요?"

"네"

시편을 읽어 달라고 했다. 앉아 있을 힘이 없었던 사모님은 누워서 듣고 난 앉아서 시편을 읽기 시작했다. 조용한 방안에 나의 성경 읽는 소리만이 낭랑하게 울려 퍼지고 있었다. 얼마나 읽었을까 피곤했던 난 그만 잠이 들고 말았다. 다음날 해가 중천에 뜬 아침이 되어서야 일어났다. 얼마나 미안하던지. 환자를 보러 와서 그렇게 잠만 쿨쿨 잤으니. 그러나 무엇보다도 일어나니 옆에 당연히 있어야 할 환자가 보이지 않았다. 깜짝 놀라 마루로 나가니 환자인 사모님이 마루의 의자에 앉아 있었다.

"아니, 왜 여기 앉아 있어요?"

"나 때문에 혹시라도 깰까 봐서요."

난 기가 막혔다. 어떻게 그렇게 착할 수가 있는지. 걷지도 못하면서 어떻게 마루에 나가 앉아 있는지 환자가. 그 후 한 달이 지나 그 사모님은 엄마가 돌아가신 줄도 모르는 어린 딸을 남편 곁에 남겨 두고 하늘나라로 가셨다.

집에서 더 이상 견딜 수가 없어서 호스피스 병원으로 가던 중 차 안에서 돌아가셨다는 소식을 남편으로부터 듣고 난 땅을 치며 후회를 했다. 힘들고 어려운 시간 많이 외로웠을 터인데 좀 더 같이 보내지 못한 것을. 다시 오겠노라 말해놓고 아버지를 돌보아야 한다는 평계로 가보지 못한 것이 가슴을 후볐다. 평생 잊지 못하는 사람 중에 한 사람이다. 그리고 그분과 함께 나누었던 따뜻한 사랑이 내 가슴에 남아 있다.

글을 마치며

'아버지'라는 이름이 친근해지기 시작했다. 그리고 지금은 '아버지'라는 이름이 하나의 그리움이 되었다.

나는 아버지의 부재 속에서 자라고 성장했다. 그리고 그것은 인생에서 가장 소중하고 의미 있는 관계의 상실이었다. 그로 인해서 난 살면서 많은 대가를 지불해야 했다. 희생하고, 자기 자신이 되지 못하고, 불필요한 인생의 무거운 짐들을 지고 오랫동안 살았다. 외롭고 고통스러운 긴 시간들이었다.

어려서부터 난 사랑엔 가격표가 붙어 있는 줄 알았다 그래서 나도 좋은 가격표를 받으려고 노력했다. 사람들의 관심과 인정을 추구하며 살았고, 의미 있고 가치 있는 일을 하려고 했다. 그것을 통하여 내가 사랑받을 만한 가치가 있는 사람이라는 것을 증명하고자 몸부림치는 피곤한 삶이었다.

이제야 난 이 모든 것으로부터 쉼을 얻을 수 있게 되었다. 삶에 쉼표가 찍혀지는 순간에 서 있는 것 같다. 마치 뜨거운 여름이 지나고 가을을 기다리는 여인 같다.

'아버지'라는 이름은 어린 시절 자라면서는 두렵고 무서워서 감히 부르지 못했던 이름이다. 그러나 언제부터인가 '아버지'라는 이름이 친근해지기 시작했다. 그리고 지금은 '아버지'라는 이름이 하나의 그리움이 되었다.

그 이름 속에는 아버지의 따뜻한 사랑이 내포되어 있다. 아버지가 보고 싶다. 늘 주무시던 모습, 아버지의 유머, 함께 있었던 시간들이 그립다.

아버지로부터 받은 것이 없는 줄 알았는데 돌아보니 내게 아버지는 많은 것을 주고 가셨음을 이제야 비로소 알게 된다.

얼마 전 추석에 아버지 산소에 다녀왔다. 거의 1년 만이다.

묘 앞에 서서 묵념을 하는데 갑자기 눈물이 핑 돌면서

'아! 내가 그동안 아버지와 정이 많이 들었구나!'

다시 한 번 느낄 수 있었다.

책을 쓰면서 많이 행복했다. 새벽이 오기까지 쓰는 날들이 많았다. 고요한 새벽에 혼자서 글을 쓰고 있노라면 가슴이 뿌듯하고 영혼에 깊은 만족감이 찾아왔다. 혼자서 울고, 웃고, 멈추고, 또 쓰기를 수차례 하면서 나를 알고, 이해하고, 나와 만나는 너무 귀하고 소중하며 감사한 시간들을 보냈다. 나의 삶 가운데 이런 시간이 오리라고는 상상을 해보지 못했다. 뜻밖의 선물이 나에게 왔다고 생각한다. 아버지께서 주고 가신 선물이다.

'아버지'라는 존재가 한 인간의 발달과 성장에 얼마나 중요한지를 이제야 깊이 이해하게 되었다. 그리고 나에게 얼마나 필요했었는지도. 그리고 내가 평생을 찾아다닌 것이 결국은 아버지의 사랑과 인정, 그리고 그분의 용납이었다는 것도 알았다.

어쩌면 난 자라면서 '사랑한다, 예쁘다, 잘했다, 네가 최고야' 등 이런 아버지의 말을 듣고 싶었는지도 모른다. 등을 토닥여주고 머리를 쓰다듬어 주시는 아버지의 손길을 원했는지도 모른다. 아버지의 커다란 가슴으로 안아주기를 바랐는지도 모른다. 아버지와 손 꼭 잡고 놀기를 원했을지도 모른다. 하지만 아쉽게도 내 기억에는 이런 것들이 없다.

그러나 내게는 한 아버지가 있다. 그분은 "나의 사랑, 나의 어여쁜 자야 일어나서 함께 가자 바위 틈 낭떠러지 은밀한 곳에 있는 나의 비둘기야 나로 네 얼굴을 보게 하라 네 소리를 듣게 하라 네 소리는 부드럽고 네 얼굴을 아름답구나"(아가 2:13-14)라고 말씀하고 있는 하나님 아버지이시다.

아버지를 그리워하며
오연수

■참고 문헌

- 《아버지와 딸》, 노먼 라이트, 조이선교회, 2008.
- 《당신의 과거와 화해하라》, 노먼 라이트, 조이선교회 1996.
- 《아버지의 집으로》, 잭 윈터, 예수전도단, 1998.
- 《부모를 용서하기 나를 용서하기》, 데이비드 스툽 & 제임스 매스텔러, 예수전도단, 2001.
- 《참을 수 없는 중독》, 아치볼드 하트, 두란노, 2005.

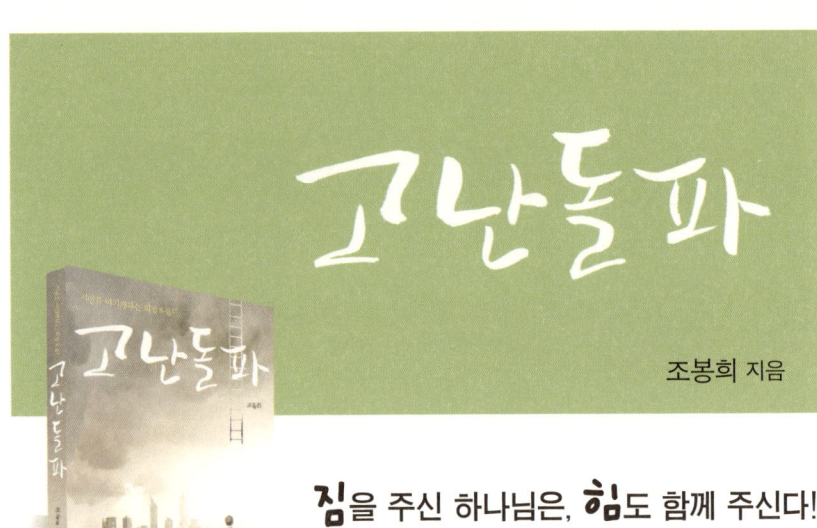

고난돌파

조봉희 지음

짐을 주신 하나님은, **힘**도 함께 주신다!
절망을 희망으로 바꾼 승리자 욥!

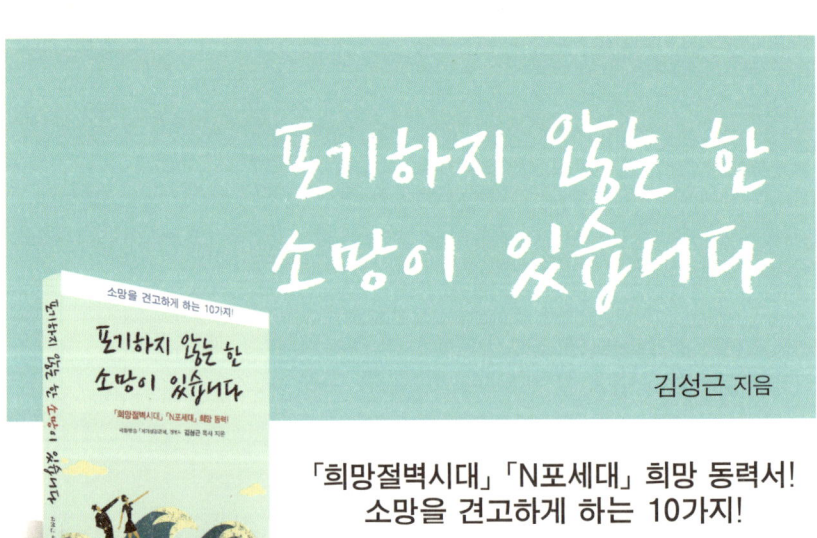

포기하지 않는 한 소망이 있습니다

김성근 지음

「희망절벽시대」「N포세대」희망 동력서!
소망을 견고하게 하는 10가지!
극동방송「메기 성경 강해」진행자

결코 포기하지 않을 때 꿈의 날개를 활짝 펼 수 있다

《맞춤형 30일간 무릎기도문 시리즈》
염려대신 기도합시다! 기도하면 문제가 해결됩니다!

동아일보- 2016년 2월 4일자

가정❶ 자녀를 위한 무릎기도문
가정❷ 가족을 위한 무릎기도문
가정❸ 남편을 위한 무릎기도문
가정❹ 아내를 위한 무릎기도문
가정❺ 태아를 위한 무릎기도문
가정❻ 아가를 위한 무릎기도문
가정❼ 재난재해안전 무릎기도문(부모용)
가정❽ 재난재해안전 무릎기도문(자녀용)
가정❾ 십대의 무릎기도문(십대용)
가정❿ 십대자녀를 위한 무릎기도문(부모용)

교회❶ 태신자를 위한 무릎기도문
교회❷ 새신자 무릎기도문
교회❸ 교회학교 교사 무릎기도문

365❶ 우리 부모님을 지켜 주옵소서(365일용)
365❷ 번성하게 하고 번성하게 하소서(365일용)
365❸ 자녀축복 안수 기도문(365일용)

기도❶ 선포(명령) 기도문

망망한 바다 한가운데서 배 한 척이 침몰하게 되었습니다.
모두들 구명보트에 옮겨 탔지만 한 사람이 보이지 않았습니다.
절박한 표정으로 안절부절 못하던 성난 무리 앞에 급히 달려 나온 그 선원이
꼭 쥐고 있던 손바닥을 펴 보이며 말했습니다.
"모두들 나침반을 잊고 나왔기에 … "
분명, 나침반이 없었다면 그들은 끝없이 바다 위를 표류할 수 밖에 없을 것입니다.

우리는 삶의 바다를 항해하는 모든 이들을 위하여
그 나침반의 역할을 하고 싶습니다.
우리를 구원하신 위대한 주 예수 그리스도를 널리 전하고 싶습니다.

"하나님은 모든 사람이 구원을 받으며
진리를 아는 데에 이르기를 원하시느니라"
(디모데전서 2장 4절)

아버지 용서하기
아버지 용서받기

지은이 | 오연수
그린이 | 이현숙
발행인 | 김용호
발행처 | 나침반출판사

제1판 발행 | 2018년 1월 15일

등 록 | 1980년 3월 18일 / 제 2-32호
주 소 | 07547 서울특별시 강서구 양천로 583
　　　　블루나인 비즈니스센터 B동 1607호
전 화 | 본사 (02) 2279-6321 / 영업부 (031) 932-3205
팩 스 | 본사 (02) 2275-6003 / 영업부 (031) 932-3207
홈 피 | www.nabook.net
이 메 일 | nabook@korea.com / nabook@nabook.net

ISBN 978-89-318-1553-5
책번호 가-9064

값은 뒷표지에 있습니다.